AF466779

ANALYSE RAISONNÉE

DU

DROIT FRANÇAIS.

TOME II.

Ière PARTIE.

ANALYSE RAISONNÉE
DU
DROIT FRANÇAIS,

Par la comparaison des dispositions des lois romaines, de celles de la coutume de Paris, et du nouveau Code des Français ;

PAR P. L. C. GIN,

ancien magistrat, membre de la société académique des sciences, et de plusieurs autres sociétés savantes.

Tantum series juncturaque pollet !
HORAT.

TOME II.

PARIS,

GARNERY, Libraire, rue de Seine.

AN XII. — 1804.

ANALYSE RAISONNÉE

DU

DROIT FRANÇAIS.

SUITE DU TITRE II, SECTION II,

Des personnes par la loi civile.

§. IV.

Des Nobles et des Bourgeois, confondus dans le titre de Citoyens.

MAXIME FONDAMENTALE : « Point de » monarque, point de noblesse; point de » noblesse, point de monarque, mais un » despote. » *Esprit des Lois, livre II, chap. IV.*

Tel est le gouvernement de tous les peuples de l'Orient, gardiens plus soigneux de leurs mœurs antiques, que ceux de l'Occident.

La servitude du peuple en est la conséquence; et néanmoins un joug plus rigoureux pèse sur les têtes privilégiées qui environnent ces trônes redoutables, que sur le surplus de la nation ; comme les éclats de la foudre qui consument les chênes altiers, épargnent les foibles roseaux.

Romulus, à la tête d'une troupe de brigands, pose les fondemens de cette ville destinée à devenir un jour la capitale du monde.

Il établit une noblesse héréditaire dans cet état naissant. Les premiers nobles sont ces sénateurs qu'il choisit pour être le conseil de l'état, et leurs descendans. Ceux qu'il destine à former sa cavalerie, occupent le second rang. L'infanterie est composée de tous les autres, soldats par état et par nécessité. La paix intérieure règne dans Rome pendant deux cent quarante-six ans, et n'est troublée momentanément que par le défaut d'un ordre fixe dans la succession au trône.

Le premier Brutus expulse les Tarquins, et établit la république. Les plébéïens s'emparent progressivement de toutes les magistratures, dont ils furent exclus par la loi de Romulus. Pendant quatre cent soixante-trois ans, cette Rome qui marche à grands pas à la conquête du monde, est déchirée dans ses murs par toutes les factions d'une ambition effrénée.

Chez les Gaulois, la supériorité des druides ou prêtres, et des nobles sur le reste de la nation, forme, au rapport de César, comme le type original de notre antique constitution.

In omni Galliâ eorum hominum qui in aliquo sunt numero et honore genera sunt duo.... alterum est druidum, alterum equitum. Cæsar, *de bello Gallico, lib. VI*, §. 13.

« Dans toute la Gaule, les hommes qui
» sont en honneur, et comptés pour quel-
» que chose, sont de deux classes, les
» druides et les chevaliers. »

Il en est de même, au rapport de Tacite, chez les Francs ou Germains nos ancêtres : *Insignis apud eos nobilitas, aut patrum merita, principis dignationem etiam adolescentulis assignant.* Tacite, *de Moribus Germanorum.*

« La noblesse est en grande considération
» parmi eux; elle est la récompense des
» services rendus à la patrie par leurs pères;

» le choix du prince en gratifie jusqu'aux » plus jeunes-gens. »

La servitude est la condition de tous les autres.

Tels sont les trois peuples dont nous tirons notre origine.

Charlemagne tempère ce droit exclusif en admettant le petit nombre de non nobles qui existoient alors parmi les hommes libres, serfs affranchis, ou Romains, à assister, sans voix délibérative, à ces assemblées qu'il convoque dans son palais, où se décident les questions les plus importantes de l'administration politique. (*Voyez la lettre d'Hincmar,* DE ORDINE PALATII, *dans le Recueil des Historiens de France, t. IX, pag.* 269.

Sous ses successeurs, la monarchie est démembrée, et la servitude du peuple aggravée.

Cette servitude est de deux espèces, au rapport de César et de Tacite; l'une personnelle, l'autre réelle.

« Chez les Gaulois, dit César, le peuple » est presque au niveau des esclaves; il n'ose » rien faire par lui-même; il n'est appelé à » aucun conseil. La plupart, quand les

» dettes qu'ils ont contractées les y forcent, » que le poids des impôts ou le despotisme » des hommes puissans les accablent, se » vendent aux nobles qui les réduisent en » servitude, et acquièrent sur eux les mêmes » droits qu'ont les maîtres sur leurs es- » claves. »

Plebs penè servorum habetur loco quæ per se nihil audet, et nulli adhibetur consilio; plerique quum ære alieno, aut multitudine tributorum, aut injuriâ potentiorum premuntur, sese in servitutem dicant nobilibus. In hos omnia eadem jura quæ dominis in servos. Cæsar, *ibid.*

« Ce qui vous paroîtra surprenant (dit » Tacite), les Germains, sans être pris de » vin, comptent les jeux de hasard parmi » les affaires sérieuses, avec une telle avidité » pour le gain, et une telle témérité dans » la perte, que lorsque tout leur manque, » pour dernier coup de dé, ils jouent leur » liberté et leurs corps. Le vaincu se sou- » met à un esclavage volontaire : quoique » plus jeune, quoique plus fort, il souffre » qu'on le lie, qu'on le vende. Ils nomment » fidélité aux engagemens, cette constance » dans une chose mauvaise, et mettent dans

» le commerce les esclaves de cette condi-
» tion, pour se délivrer eux-mêmes de la
» honte attachée à une telle victoire.

» Quant aux autres esclaves, ils ne les
» emploient pas comme nous qui les dis-
» tribuons par familles pour fournir aux
» travaux domestiques. Chacun a sa maison,
» commande dans ses pénates ; le maître
» exige d'eux, comme de colons, une rede-
» vance annuelle en grains, en bestiaux,
» en laines qui le vêtissent. Tel est leur
» esclavage. Leurs femmes, leurs enfans
» remplissent les autres devoirs attachés à
» la domesticité. Frapper un esclave, l'en-
» chaîner, est chose rare ; le tuer est ordi-
» naire ; non comme acte de police et par
» cruauté ; mais par impétuosité, dans un
» moment de fureur, comme un ennemi ;
» si ce n'est qu'ils le font impunément. »

Aleam, quod mirabere, sobrii, inter seria exercent; tanta lucrandi, perdendique temeritate, ut cum omnia defecerunt, extremo ac novissimo jactu de libertate et de corpore contendant. Victus voluntariam servitutem adit, quamvis junior, quamvis robustior; alligari se ac venire patitur; eâ in re pravâ pervicaciâ, ipsi fidem vo-

cant; servos conditionis hujus per commercia tradunt, ut se quoque pudore victoriæ exsolvant.

Cæteris servis, non in nostrum morem, descriptis per familiam ministeriis utuntur, suam quisque sedem, suos penates regit; frumenti modum dominus, aut pecoris, aut vestis, ut colono injungit, et servus hactenus paret; cætera domus officia uxor et liberi exequuntur. Verberare servum ac vinculis coercere, rarum. Occidere solent; non disciplinâ et severitate; sed impetu et irâ, ut inimicum; nisi quod impunè. Tacite, *ibid.*

Tel fut en France l'état des personnes jusqu'au douzième siècle de notre ère, et au delà.

« On peut assurer, dit le savant président » Bouhier (1), qu'anciennement presque » tous les habitans des villes et de la cam- » pagne, à l'exception des seigneurs, étoient » serfs, taillables à volonté, et main-mor- » tables, comme il est justifié par plusieurs » titres.

(1) Observations sur la coutume de Bourgogne, tome II, chap. 64.

» Ce fait a de bons garans. Ce qui ne
» permet pas d'en douter, ce sont les actes
» d'affranchissement qui nous restent dans
» une infinité de lieux.

» On connoît celui de la ville de Bourges,
» celui d'Orléans et des villages à cinq lieues
» à la ronde, de l'an 1180; celui d'Auxerre,
» à peu près du même temps; il y en a pour
» toute la Flandre, pour le Dauphiné, pour
» le Languedoc, pour le comté de Blois,
» pour tout le Bourbonnois, *pour tout le*
» *fauxbourg Saint-Germain-des-Prés, à*
» *Paris, et pour plusieurs villages voisins.*
» Il y en a de généraux pour tous les main-
» mortables des domaines du roi, dans tout
» le royaume. Nous en avons un particulier
» pour notre Bourgogne, par édit du mois
» de septembre 1554, vérifié en ce parle-
» ment, le 27 octobre suivant; à quoi il
» faut ajouter les affranchissemens faits
» par les seigneurs particuliers, dont le
» nombre est infini. »

Croiroit-on que des auteurs célèbres ont pris la défense d'un pareil droit, en le considérant, non sous l'aspect de l'intérêt du monarque et des seigneurs qui en jouissoient, mais sous celui du main-mortable; et ce qui paroîtra encore plus étonnant, c'est que de ce nombre se trouve l'un des plus ardens provocateurs de notre révolution, l'abbé de Mably.

« Le bien public, dit M. le président » Bouhier (1), s'accorde avec celui des » seigneurs ; car, suivant la judicieuse re- » marque de Godefroy, *reipublicæ inte- » rest ut censiti terræ inhæreant.* (Il im- » porte à la république que les censitaires » soient inhérens à la glèbe.) Tout le monde » sait que le fondement principal du revenu » d'un état dépend du produit de ses terres. » Il faut donc avoir attention qu'elles soient » bien cultivées ; et l'expérience nous ap- » prend qu'elles le sont avec beaucoup plus » de soin dans les lieux de main-morte, » que dans les autres, où le plus souvent » elles tombent en friche faute de cultiva- » teurs.

» On peut même assurer avec confiance, » que c'est de plus le véritable intérêt des » gens de la campagne ; car nous apprenons

(1) M. le président Bouhier, *Observations sur la coutume de Bourgogne*, tome II, chap. 64, n°. 28 et suiv.

» d'un écrivain très-instruit (*Dunos, de*
» *la main-morte*), que le travail de plu-
» sieurs personnes réunies dans une même
» famille, profite bien plus que si elles
» travailloient séparément, et que les pay-
» sans des lieux main-mortables sont beau-
» coup plus à leur aise que ceux qui habitent
» les lieux francs.

» Uniquement occupés de l'agriculture,
» attachés à leurs ouvrages, on ne les voit
» point se fatiguer en procès, ou aspirer à
» des professions qui les détourneroient du
» métier de leurs pères. Ils ne songent qu'à
» faire fructifier la terre, et à multiplier le
» nombre des citoyens qui fait en même
» temps la richesse et la force de l'État.
» Ainsi, loin de les plaindre, comme on le
» fait communément, il faudroit s'écrier
» avec le poëte : *O fortunatos nimium, sua*
» *si bona norint, agricolas!* (Heureux
» les cultivateurs, s'ils connoissoient leurs
» avantages!)

» On s'écrie sur la dureté des coutumes
» qui défendent aux main-mortables d'alié-
» ner leurs héritages situés en lieu de main-
» morte, si ce n'est en faveur de personnes
» de même condition, et qui leur ôtent la

» liberté de disposer de leurs biens par acte » de dernière volonté ; mais cela n'avoit-il » pas lieu à l'égard des fiefs par l'ancien » droit féodal, et même des clauses plus » rigoureuses ? D'ailleurs, si la coutume a » imposé ce joug aux main-mortables, elle » leur a fourni en même temps un moyen » de le secouer, en désavouant leur sei- » gneur, et en quittant les héritages qu'ils » tenoient dans cette servitude. »

Ceci s'applique à l'art. 95 de la coutume de Bourgogne, rédigée en 1459, de l'autorité des ducs de cette province.

Voilà le plus beau panégyrique de ce droit que Dumoulin (1) appelle une barbarie, reste de l'anarchie féodale que l'empereur Maximilien avoit abrogée dans ses états par une loi expresse.

---

(1) *Accedit novella imperatoris Maximiani per quam etiamsi quæ jura vel consuetudines manus mortuæ dictas vassallus habuisset, abolita et abrogata sunt... Sanè enim hujusmodi servitutis reliquiæ antiquæ barbaricæ personalis servitutis, quæ in toto Christianismo cessat.....* Dumoulin, *Cons.* 16, nos. 12 *et* 13.

Passons à M. l'abbé de Mably.

« Dans un gouvernement très-sage (1), » dit-il, l'esclavage est un mal, parce qu'on » doit s'en passer, et que, dégradant les » hommes, il apprendroit aux citoyens à » bannir l'égalité qui fait leur bonheur. » Chez les Spartiates, les Romains, etc. » la servitude étoit un mal; elle en seroit » un chez les Suisses, les Suédois, etc. » Mais dans un gouvernement où l'on ne » connoît aucune égalité, non-seulement » entre les citoyens, mais entre les diffé- » rens ordres de l'état, la servitude pourroit » produire un bien, et corriger quelques » inconvéniens des lois. Je demande quel » grand présent c'est pour les hommes que » la liberté, dans un pays où le gouverne- » ment n'a pas pourvu à la subsistance de » chaque citoyen, et permet à un luxe » scandaleux de sacrifier des millions d'hom- » mes à ses frivoles besoins? Que feriez- » vous de votre liberté, si vous étiez acca- » blé sous le poids de la misère? Ne sen- » tiriez-vous pas qu'esclaves de la pauvreté,

(1) Observations sur l'Histoire de France, liv. IV, chap. 4, dans les Remarques.

» vous ne seriez libres que de nom, et que » vous regarderiez comme une faveur du » Ciel qu'un maître voulût vous recueillir? » La nécessité, plus puissante que des lois » inutiles qui vous déclarent libres, vous » rendroit esclaves. »

Prétendus sages du dix-huitième siècle, que ne prêchiez-vous cette morale à ces nègres qui, nés dans les régions barbares de la côte de Guinée, sont vendus par leurs rois, par leurs pères eux-mêmes, pour être transportés en des terres plus heureuses, où le joug de la servitude, nécessaire pour compenser l'énorme disproportion entre leur multitude et le petit nombre des êtres bienfaisans dont le pouvoir, tempéré par la sagesse des lois de Louis XIV, fournit à leur subsistance, où le puissant motif de l'intérêt personnel leur procure une existence bien supérieure à celle qu'ils auroient dans leur patrie. *Dominorum interest*, disent les lois romaines elles-mêmes, *ne auxilium.... denegetur iis qui justè deprecantur.* Inst. *de his qui sui vel alieni juris sunt.* §. 2. « Il importe aux maîtres eux-mêmes, » que le magistrat ne refuse pas son secours » à ceux qui l'implorent justement. »

Pourquoi, au lieu de ces tableaux mensongers, de ces décrets qui, en les déclarant libres, les ont métamorphosés en tigres plus cruels que ceux des climats brûlans où ils naquirent ; au lieu de ce délire que vous avez soufflé dans leurs âmes, qui les a porté à mettre à feu et à sang la plus riche, la plus florissante de nos colonies, où errans, fugitifs, cachés dans les repaires des bêtes féroces, ils tournent contre eux-mêmes les armes dont vous avez armé leurs bras, ne leur portiez-vous les tendres consolations que vous présentez aux serfs de nos contrées que la douceur du christianisme a mis à l'abri d'un tel besoin ; non en proscrivant l'esclavage ; jamais la morale de l'évangile n'a attenté à la propriété publique ou particulière ; mais par cette fraternité qui faisoit dire à Saint Paul, renvoyant à Philémon son esclave fugitif Onésime : Il est à vous, « je l'ai engendré dans mes » liens ; je n'ai voulu rien faire sans votre » conseil, afin de ne pas disposer de votre » bien, que vous n'en ayez fait un sacrifice » volontaire. » (1) *Obsecro pro filio meo*

(1) St. Paul à Philémon, chap. I, vv. 10 et 14.

quem genui in vinculis, Onesimo... Sine consilio autem tuo nihil volui facere, uti ne velut ex necessitate bonum tuum esset; sed voluntarium.

Revenons à la noblesse, et aux moyens employés pour l'entière destruction de l'anarchie féodale, qui nous conduiront à l'état actuel de nos lois.

Depuis grand nombre de siècles, les fils qui lioient nos pères à ces nobles despotiques dont parlent César et Tacite, sont rompus (1); une nouvelle noblesse lui a été substituée, dont le seul titre est la profession des armes, l'inscription dans les *compagnies d'ordonnance*, et, par une conséquence nécessaire, la possession de fiefs *déservis par service compétent;* car ce service consistoit, de la part du vassal, à accompagner son seigneur en guerre, et y entraîner ses serfs et ses censitaires.

Le roturier serf, ou qui s'étoit rédimé de la servitude par une redevance en argent ou en denrées, servoit à pied; le noble, à cheval : de là le titre d'*écuyer* distinctif,

---

(1) Abrégé chronologique de l'Histoire de France, par le P. Hainault, année 1600.

dans les titres des plus grandes maisons, de la noblesse et de la roture, jusqu'à ce que de longs services ou des actions d'éclat leur eussent mérité le titre de *chevalier*, distinction purement personnelle, qui n'étoit pas transmissible.

Les armoiries, les couleurs, nécessaires à des guerriers couverts de fer, pour se reconnoître dans le combat, étoient l'apanage de la noblesse, transmis depuis, souvent à prix d'argent, à la roture, quand nos rois furent parvenus, par l'affranchissement des serfs de leurs domaines, pour des redevances pécuniaires, appât qui ne tarda pas à produire le même effet dans le domaine de leurs vassaux, par l'établissement des communes, par les ennoblissemens par lettres, par des créations d'offices à la possession desquels la noblesse héréditaire fut attachée, multipliés par la pénurie trop fréquente du trésor public, enfin par la communication aux bourgeois des grandes villes, notamment de la capitale, des attributions de la noblesse, à atténuer cette anarchie, qui, divisant l'autorité tutélaire du chef de la nation, pesoit immédiatement sur le peuple.

Non toutefois que les voies indirectes

employées à cette fin, ces exemptions des charges publiques, ces privilèges ne fussent eux-mêmes de lourds fardeaux, par le reflux qu'elles occasionnoient des charges nécessaires distribuées sur un moindre nombre de têtes.

Il n'en étoit pas de même des hochets attachés aux ordres de chevalerie créés par nos rois dans le même dessein : « Bonne et » profitable coutume, dit Montagne (1), de » trouver moyen de reconnoître des hommes » rares et excellens, et de les contenter et » satisfaire par des paiemens qui ne char- » gent aucunement le public. »

Je dis que nos monarques avoient atténué, par ces moyens, l'anarchie féodale; car elle n'étoit pas anéantie. Il en subsistoit des traces trop marquées dans un grand nombre de nos coutumes. « Les non-nobles, » (dit l'art. II du titre I de la coutume de » Troyes) sont de deux manières; car les » uns sont *franches personnes*, tant comme » ils demeurent sous le roi, ou ès ressorts » du bailliage de la prévôté de Troyes, sous

(1) Essais de Montagne, liv. II, chap. VII, *des récompenses d'honneur*.

» aucun haut justicier non ayant en sa terre
» les droits royaux, et sont appelés *bour-*
» *geois du roi;* et si lesdites personnes sont
» demeurant sous aucun seigneur qui ait
» les droits royaux en sa terre et seigneurie,
» ils sont ses *bourgeois,* redevables de jurée.
» *Les autres sont de serve condition.* »

Les coutumes de Vitry, de Sens, d'Auxerre, de Clermont en Bassigny, etc. etc. ont des dispositions à peu près semblables. Vous avez vu la coutume de Bourgogne admettre expressément la main-morte ou servitude réelle: celle de Nivernois admettoit l'une et l'autre.

Louis XVI, à l'exemple de ses prédécesseurs, ayant aboli par toute la France le *droit de suite,* en vertu duquel les seigneurs de fiefs situés dans ces coutumes revendiquoient les successions de leurs main-mortables, en quelque lieu qu'ils eussent transporté leur domicile, avoit converti en redevances pécuniaires la servitude, soit réelle, soit personnelle, subsistante dans quelques-uns de ses domaines, et se flattoit que cet exemple seroit suivi.

Mais depuis long-temps le vœu de la grande majorité de la nation étoit que jusqu'aux derniers vestiges de l'anarchie féodale qui, en morcelant tout, perdoit tout, fussent effacés.

Pour y parvenir, malgré les intérêts privés qui les protégeoient, il falloit avoir recours à un lévier dont la force est incalculable. Parvenus à le mettre en mouvement, toute la machine politique est anéantie.

Dans son rétablissement, il est impossible de laisser subsister des distinctions héréditaires et le cortége d'abus qui y sembloient attachés. Le titre de citoyen est substitué à tous ceux que nous avons détaillés; l'égalité de droits est la base de la nouvelle constitution donnée à la France.

Illustres descendans de tant de héros, de tant de magistrats renommés par leurs lumières, leur équité, leur sagesse, de tant d'hommes célèbres dans tous les genres, ne craignez pas que vos vertus et celles de vos ancêtres restent sans récompense, même dans la postérité la plus reculée; ôtez les noms de Brutus et de Cassius qui ne furent que des factieux et des asssassins, je vous appliquerai ce mot de Tacite :

Præfulgebant..... eo ipso quod eorum

imagines in foro non visebantur. « Ils » brilloient par là même que leurs effigies » ne se voyoient plus dans la place pu- » blique. »

§. V.

Du domicile et de l'absence.

Avant de passer à la troisième distinction des personnes par la loi civile, *les citoyens et les morts civilement,* ou, suivant l'expression du nouveau code, *de la jouissance et de la privation des droits civils,* il est nécessaire de s'arrêter sur une matière qui tient à toutes celles qui ont été traitées jusqu'ici et doivent l'être immédiatement; la connoissance du domicile des citoyens qui détermine les statuts personnels qui les régissent, les magistrats compétens pour juger leurs contestations, et leur appliquer les dispositions des lois, le lieu de l'ouverture des successions, et l'absence longue, persévérante, qui répand quelquefois un voile impénétrable sur l'existence de l'absent, et oblige de pourvoir à l'administration de ses biens et des personnes que la nature et la loi ont mis dans sa dépendance.

N°. Ier.

DU DOMICILE.

I.

La définition de ce mot *domicile*, dans les lois romaines, renferme tout ce que notre droit ancien et moderne présente de plus clair sur la matière, dont toutes les dispositions particulières de nos lois ne sont que l'application.

In eo loco singulos habere domicilium non abigitur, ubi quis larem fortunarumque suarum summam constituit; unde non sit dicessurus si nihil avocet, unde cum dicesserit peregrinari videtur; quo cum redierit peregrinari jam destitit. L. 7. C. *de incolis et qui domicilium hab. vid.*

« Il est constant que chacun a son domi-
» cile où il a établi ses dieux pénates et le
» siége de sa fortune; d'où il ne sort point
» si rien ne l'appelle ailleurs; d'où, quand
» il en est sorti, il voyage; où quand il
» est rentré, il a cessé de voyager. »

De cette définition, les jurisconsultes

concluent que « le domicile est plus d'inten- » tion que de fait. » *Plus animi quam facti.*

Ajoutons que « la résidence la plus » longue ne prouve rien, si elle n'est ac- » compagnée de la volonté ; tandis que si » l'intention est constante, elle opère, avec » la résidence la plus courte, celle-ci ne » fût-elle que d'un jour ? » *Discours du conseiller d'état Emery.*

II.

Le premier domicile de l'homme est le lieu de sa naissance, s'il naît dans l'habitation que son père a choisie pour son domicile ; car les pupilles, les mineurs, jusqu'à l'époque de leur émancipation, n'ayant point de volonté aux yeux de la loi, n'ont d'autre domicile que celui de leur père, ou de leur mère, si le père est décédé.

C'est ce qu'on nomme *le domicile d'origine.*

III.

La femme mariée étant obligée de

suivre son mari, n'a d'autre domicile que celui de son mari.

Le mineur non émancipé a son domicile chez ses père et mère, ou à leur défaut, chez son tuteur.

Le majeur interdit a le sien chez son curateur.

Code civil, tit. III, art. 108.

Ceci est entièrement conforme à notre ancien droit.

N. B. Ces mots, le mineur *non émancipé*; car s'il l'étoit, pourquoi la loi, qui lui confie l'administration de ses biens, qui lui accorde la jouissance de ses revenus, ne lui permettroit-elle pas de transférer son domicile hors de l'habitation de ses père et mère?

Et cependant nous avons vu que, par respect pour le plus saint des engagemens, le majeur de droit commun, s'il n'a atteint l'âge auquel la loi lui permet de contracter mariage sans le consentement des auteurs de ses jours, (autrefois à 30 ans pour les mâles, 25 ans pour les filles; aujourd'hui 25 ans accomplis pour les mâles, 21 ans accomplis pour les filles), n'est censé avoir d'autre domicile, pour cet acte le plus important de la vie civile, que celui de ses père et mère, tuteurs ou curateurs.

VI.

Le domicile de tout Français...... est au lieu de son principal établissement.
Code civil, art. 102.

Le changement de domicile s'opère par le fait d'une habitation réelle dans un autre lieu; *joint à l'intention d'y fixer son principal établissement.* Ibid, art. 103.

La preuve *directe* de l'intention de changement de domicile, consiste en une double déclaration, l'une à la municipalité du lieu qu'on se propose de quitter; l'autre, à la nouvelle municipalité qu'on adopte. *Ibid, art.* 104.

V.

Ces déclarations ne sont pas d'une absolue nécessité.

Le nouveau code se borne à dire, « qu'à » défaut de déclaration expresse, la preuve » de l'intention *dépendra des circons-* » *tances.* » Ibid, art. 105.

« Ces questions, dit l'orateur du gouver- » nement, tombent nécessairement dans le

» domaine du juge ; l'ancienne législation les » y avoit laissées.... L'homme qui n'aura que » des motifs honnêtes pour user de sa liberté » naturelle en changeant de domicile, ne » craindra pas d'annoncer hautement sa vo- » lonté..... Mais l'homme qui, par exemple, » fuira ses créanciers, n'aura garde de » signaler sa fuite par des déclarations. »

Discours du conseiller d'état Emery.

Nos anciennes lois avoient fixé une durée d'habitation qui, à défaut de preuve contraire, formoit une présomption de droit de changement de domicile.

« Par privilége usité, quiconque est bour- » geois de Paris et par an et jour y a de- » meuré..... » *Coutume de Paris, art.* 173.

La nouvelle constitution adopte cette présomption, même pour l'exercice des droits politiques.

« Tout homme né et résident en France, » qui, âgé de vingt-un ans accomplis, » s'est fait inscrire sur le registre civil de » son arrondissement, *et qui a demeuré* » *par an et jour sur le territoire de la* » *République*, est citoyen français. »

Constitution de l'an VIII, tit. Ier, de l'exercice des droits de cité, art. 2.

La loi nouvelle qui laisse à l'arbitrage du juge toute son étendue, n'a pas sans doute rejeté de telles dispositions.

VI.

Le citoyen appelé à une fonction publique, *temporaire* ou *révocable*, conservera le domicile qu'il avoit auparavant, s'il n'a manifesté d'intention contraire. *Code civil*, ibid, *art.* 106.

Unde cum dicesserit peregrinari videtur, dit la loi citée. « D'où, quand il est » sorti, il voyage. » C'est la seule conséquence qu'on puisse tirer de l'acceptation d'une fonction publique, temporaire ou révocable.

Que dirons-nous du manouvrier majeur, qui n'a d'autre habitation que celle de celui chez lequel il sert ou travaille ?

La nouvelle loi a prévu ce cas. Quoique le travail de cet homme ne soit pas une fonction publique, il vaut mieux lui supposer l'intention de fixer son domicile chez celui chez lequel il demeure, que de le réduire à la condition de vagabond.

« Les majeurs qui servent ou travaillent

» habituellement chez autrui, auront le » même domicile que la personne qu'ils » servent ou chez laquelle ils travaillent, » *lorsqu'ils demeureront avec elle dans la* » *même maison.* »

VII.

Il n'en est pas des fonctions publiques conférées à vie, comme de celles qui ne sont que temporaires ou révocables. L'acceptation de telles fonctions suppose, de droit, l'intention du titulaire de fixer son domicile au lieu où elles s'exercent. *Ibid*, *art.* 107.

Le titre même de ces fonctions, prouve que l'intention du gouvernement est que celui qui les remplit, y consacre sa vie entière.

« Tous exploits d'ajournement seront » faits à personne ou domicile.... Pourront » néanmoins les exploits concernant les » droits d'un bénéfice, être faits au princi- » pal manoir du bénéfice; comme aussi » ceux concernant les offices et commis- » sions, ès lieux où s'en fait l'exercice. » *Ordonnance de* 1667, *tit. II, art.* 3.

Il résulte de la comparaison de cette disposition de l'ordonnance de Louis XIV, et des articles 106 et 107 du nouveau code, que ce que l'ordonnance restreignoit aux seuls actes concernant le bénéfice, l'office ou la commission, le nouveau code l'étend, avec la distinction des fonctions temporaires ou perpétuelles, à toute l'existence civile du fonctionnaire public.

VIII.

Le lieu où la succession s'ouvrira sera déterminé par le domicile (du défunt.) *Ibid, art.* 110.

N. B. C'est un exemple de l'application de ces principes entre tant d'autres.

IX.

Effet de l'élection de domicile dans les actes, restraint à l'objet pour lequel elle est faite.

« Lorsqu'un acte contiendra, de la part
» des parties, ou de l'une d'elles, élection
» de domicile, pour l'exécution de ce même
» acte, dans un autre lieu que celui du

» domicile réel, les significations, demandes » et poursuites *relatives à cet acte*, pour- » ront être faites au domicile convenu, et » devant le juge de ce domicile. » *Ibid*, *art.* 111.

« Élisans domicile sont tenus de nommer » leur domicile, en certains lieux de la » ville.... et déclarer la rue et l'enseigne, ou » autre marque publique, *lequel domicile* » *n'est fini par la mort du procureur ou* » *autre en la maison duquel il auroit été* » *élu*..... » (jusqu'à ce que l'affaire pour lequel il a été elu soit entièrement consommée.) *Coutume de Paris*, *art.* 360.

N°. II.

DE L'ABSENCE.

L'absence, sous l'acception la plus générique de ce mot, exprime tout éloignement de l'individu de son domicile, soit que son existence en un autre lieu soit connue, soit qu'elle ne le soit pas.

On conçoit qu'il ne peut être ici question de la première espèce; elle tient à la liberté, et n'opère aucun changement dans les droits civils; il n'en est pas ainsi de la disparution subite et persévérante d'un individu dont on n'a reçu aucunes nouvelles, dont on ignore ou la vie ou la mort, événemens plus fréquens de nos jours qu'ils ne l'étoient dans les siècles antérieurs, à cause de l'accroissement du commerce maritime dont les spéculations s'étendent sur les deux hémisphères, des crimes et des désordres de la plus terrible des révolutions, et surtout de la doctrine aussi impolitique qu'irréligieuse du suicide, devenue dans le dix-huitième siècle de notre ère, comme le cri de ralliement des innombrables sectes de nos prétendus sages.

Aucune loi générale n'avoit réglé jusqu'ici les suites d'une telle absence; à peine quelques principes épars dans l'immense collection des lois romaines avoient porté une foible lumière sur ces questions abandonnées à la diversité de jurisprudence des tribunaux, dont le respect pour les propriétés avoit toutefois établi cette règle générale que « nul ne peut obtenir la posses-
» sion *definitive* des biens de l'absent, que
» celui-ci ne soit parvenu au terme le plus
» long de la vie humaine, évalué à cent
» années; que jusqu'à cette époque ses

» représentans, quels qu'ils soient, n'ont » d'autre droit que de demander l'envoi » en possession provisoire, comme dépo- » sitaires, à la charge de donner caution; » règle qui ne recevoit que deux exceptions; l'une pour le lien indissoluble du mariage qui ne permet en aucun cas à la femme de l'absent de passer à de deuxièmes noces que la mort de son époux ne soit constatée; l'autre qui, suivant la jurisprudence de quelques parlemens, pour ne pas laisser la propriété trop long-temps incertaine, admettoit, *sauf les droits de l'absent s'il se représentoit*, pour seule exception à la règle générale, un tel concours de circonstances, qu'elles différoient peu de la preuve légale de la mort de l'absent. On donne pour exemple une bataille à laquelle il se seroit trouvé, dans un corps en butte à tout le feu de l'ennemi, sans que son cadavre eût été reconnu parmi les morts; un naufrage dans lequel auroit péri la majeure partie de l'équipage du navire qu'il montoit. Nous pourrions ajouter, depuis que le suicide ne flétrit plus la mémoire, des lettres, des écrits qui constateroient l'intention de celui qui a disparu, de mettre fin à sa pénible carrière, jointes à des indices puissans de l'exécution ; bien que le cadavre, seule preuve légale, ne fût pas représenté.

Au surplus, la durée nécessaire pour constater l'absence et donner lieu à l'envoi en possession provisoire, les précautions relatives aux droits de la femme, des enfans, des créanciers, des débiteurs, des légataires et autres ayant cause de l'absent, les partages des successions ouvertes pendant son absence, des legs, des institutions d'héritier en sa faveur, étoient abandonnés à la prudence du magistrat, et à la vigilance du ministère public, défenseur par état de tous ceux qui ne sont pas à portée de se défendre par eux-mêmes.

Ce n'est pas un léger service rendu à la chose publique, d'avoir « non-seulement » amélioré, mais en quelque sorte créé » cette partie de la législation. »

Discours du conseiller d'état Bigot-Préamencu.

I.

De la disparution de l'individu, depuis l'époque où l'absence est connue, jusqu'à la déclaration authentique et l'envoi en possession provisoire.

Le ministère public est spécialement chargé de veiller aux intérêts des absens, et doit être entendu sur tout ce qui les concerne. *Code civil. Tit. IV, chap. I, art.* 144.

Si l'absent n'a laissé de procuration à personne pour veiller à l'administration et à la conservation de ses biens, sa femme, ses enfans, ses héritiers présomptifs, ses créanciers, tous ceux qui y ont intérêt, ont droit de requérir du tribunal de première instance où est situé le domicile de l'absent, que les scellés soient apposés sur ses effets, et qu'il soit nommé un notaire séquestre, à l'effet d'être procédé aux inventaires, comptes, partages et liquidations dans lesquels ils sont intéressés: le tribunal y pourvoira sur les conclusions du ministère public. *Ibid. Art.* 113.

N. B. 1°. Le nouveau code ne fait pas mention de

l'apposition de scellés ; mais elle est la conséquence de la surveillance aux intérêts de l'absent.

2°. L'article ne dit pas non plus où les assignations seront données par les parties intéressées ; mais l'ordonnance de 1667, qui n'est pas révoquée, porte, tit. II, art. 8, que ce sera *au dernier domicile connu de l'absent ;* et la nouvelle loi le suppose, puisqu'elle déclare compétent le tribunal dans l'arrondissement duquel est situé le dernier domicile de l'absent.

3°. La nomination du notaire séquestre n'exclut pas, pendant cet intervalle, la nomination d'un curateur à l'absence si elle est jugée indispensable ; mais les tribunaux ne s'y porteront qu'*en cherchant tous les moyens d'éviter les dangers auxquels une fâcheuse expérience prouve que cette mesure expose.*

Discours de l'orateur du gouvernement.

II.

Délai qui doit précéder la déclaration authentique de l'absence ; formalités nécessaires pour s'assurer de la certitude de la disparution, avant de procéder à cette déclaration.

« Lorsqu'une personne aura cessé de » paroître au lieu de son domicile ou de » sa résidence, et que *depuis quatre ans* » on n'en aura point eu de nouvelles, les » parties intéressées pourront se pourvoir

» devant le tribunal de première instance, » à l'effet de faire déclarer l'absence. » *Ibid. chap. II, art.* 115.

N. B. Ces mots, *domicile* ou *résidence;* car le domicile étant plus d'intention que de fait, comme il a été dit au n°. I ci-dessus, il arrive fréquemment qu'un même individu a son domicile dans un lieu et sa résidence dans un autre.

C'est ici, dans notre ancien droit, que la jurisprudence des tribunaux varioit plus sensiblement.

« A Paris et dans une partie assez con- » sidérable de la France, (la durée de la » disparution suffisante pour donner lieu » à la déclaration d'absence, étoit de trois » ans; dans d'autres de cinq; dans d'autres » de sept et de neuf. » *Discours du conseiller d'état Bigot-Preameneu.*

Le nouveau code adopte une moyenne proportionnelle de quatre années.

Dans tous les tribunaux sans exception, il suffisoit, pour faire déclarer l'absence, de rapporter un acte de notoriété destiné à constater la non comparution de l'individu, pendant le temps fixé par l'usage et la jurisprudence de chaque lieu; preuve insuffisante par nature. Qu'attestent en effet les notables personnages appelés à un pareil acte ? Qu'ils n'ont reçu aucune nouvelle de l'absent pendant tout ce temps. C'est une négative qui n'exclut pas les connoissances que d'autres pourroient avoir. Quel remède à cet inconvénient ? La publicité des recherches faites pour connoître si celui qui a disparu existe ou n'existe pas ; une enquête solennelle en présence du ministère public, dans le *lieu du domicile de l'absent*, et dans celui de sa résidence, s'ils sont distincts, (*Ibid. Art.* 116); l'envoi par le commissaire du gouvernement au grand-juge ministre de la justice de tous les jugemens tant préparatoires que définitifs qui auront été rendus, à l'effet de leur donner la plus grande publicité, (*Ibid. Art.* 118); le délai d'une année, à compter du jugement qui aura ordonné l'enquête, (*Ibid. Art.* 119), pour obtenir, pendant ce long intervalle, toutes les connoissances qui peuvent conduire à la découverte de la vérité.

La loi n'exclut pas les indices de non-existence que nous avons présentés, une bataille, un naufrage, toutes les vraisemblances d'un suicide; mais elle ne leur donne aucune force pour abréger les délais qu'elle prescrit.

« Le tribunal, en statuant sur la de-
» mande, aura d'ailleurs égard aux motifs
» de l'absence, et aux causes qui ont pu
» empêcher d'avoir des nouvelles de l'in-
» dividu présumé absent. » *Ibid. Art.* 117.

III.

Des droits de la mère à la surveillance de ses enfans mineurs dont le père a disparu, et à la communauté de biens qui existoit entre elle et son époux; à la liquidation des reprises et conventions matrimoniales.

« Si le père a disparu laissant des en-
» fans mineurs issus d'un commun ma-
» riage, la mère en aura la surveillance,
» et elle exercera tous les droits du mari,
» quant à leur éducation et à l'adminis-
» tration de leurs biens. » *Ibid, chap. III, art.* 141.

N. B. Ce n'est pas comme tutrice de ses enfans que la mère exerce ce droit; mais en vertu de l'autorité qui lui appartient conjointement avec son époux, qui se réunit toute entière sur sa tête quand l'existence de celui-ci est incertaine. Il n'y a donc ici ni nomination de tuteur, ni conseil de famille.

Mais il y auroit lieu à l'un et à l'autre, si la mère étoit décédée avant la disparution de son époux, ou si elle décédoit avant que l'absence de son mari eût été déclarée. Comme cette nomination est instante, la loi ne donne que six mois, à compter de la disparution, pour saisir les ascendans les plus proches, *de la surveillance* sur leurs descendans; et, à leur défaut, pour faire procéder, par le conseil de famille, à la nomination *d'un tuteur provisoire*. Ibid, art. 142.

« Il en sera de même dans le cas où l'un » des époux qui aura disparu, laissera des » enfans mineurs, issus d'un mariage pré» cédent. » *Ibid, art.* 143.

« Suivant l'usage le plus général, la com» munauté .... étoit provisoirement dis» soute du jour où les héritiers présomptifs » avoient, après le temps d'absence requis, » formé contre l'époux présent, la demande » en envoi en possession des biens de l'ab» sent.

» Elle étoit pareillement dissoute du jour » que l'époux présent avoit agi contre les » héritiers de l'absent. » (A l'effet d'obtenir préférablement à eux, l'administration provisoire.) *Discours du conseiller d'état Bigot-Préameneu.*

Mais cette dissolution n'étoit elle-même que provisoire; la communauté revivoit en cas que l'époux absent se représentât, et les héritiers dépositaires étoient tenus de lui rendre compte de tous les biens qui la composoient.

Ces fluctuations, contraires aux règles communes à tout le droit, prouvent l'imperfection de notre ancienne jurisprudence, en cette matière.

Je dis contraires aux règles communes à tout le droit; car c'est un principe avoué par la raison que personne ne peut, par son fait, priver un autre d'un droit qui lui est acquis. Pourquoi l'époux absent priveroit-il l'époux présent du droit qui lui étoit acquis par son contrat de mariage, de participer aux bénéfices de la communauté, jusqu'à sa dissolution, par la mort de l'un des conjoints?

D'autre part, personne n'est forcé de demeurer en communauté malgré lui. *In communione vel societate nemo compellitur detineri.* L. ult. C. comm. div.

Le mari (car c'est celui dont les absences sont plus fréquentes) ne peut donc, par sa disparution, contraindre son épouse à une communauté illimitée.

Rien de si équitable que la disposition du nouveau code, qui donne à l'époux présent l'option entre la continuation de la communauté, et sa dissolution provisoire à l'époque de l'absence de son conjoint. S'il opte pour la continuation, *il pourra empêcher l'envoi en possession provisoire* (des héritiers présomptifs), *et l'exercice provisoire de tous les droits subordonnés à la condition du décès de l'absent;* « et prendre et conserver, » par préférence, l'administration des biens » de l'absent. » *Ibid, chap. III, art.* 124.

« Si l'époux demande la dissolution pro» visoire de la communauté, il exercera ses » reprises et tous ses droits légaux et con» ventionnels, *à la charge de donner » caution pour les choses susceptibles de » restitution.* » Ibid.

Ici l'ancienne jurisprudence étoit encore en défaut. Elle autorisoit la liquidation des reprises et conventions matrimoniales de l'époux présent; mais pour n'entrer en possession des objets liquidés qu'à l'époque où le décès étoit légalement constaté.

Quel motif autorisoit une telle préférence

de l'héritier présomptif comptable, envoyé provisoirement en possession des biens de l'absent, sur le propriétaire, également comptable de sa jouissance provisoire, si l'absent reparoissoit et réclamoit ses droits?

Et cependant la faculté donnée à la femme de continuer la communauté qui existoit entre elle et son mari absent, ne préjudicie pas au droit qui lui est assuré par son contrat de mariage, de renoncer, soit pendant l'absence, soit lorsque le décès de son époux est connu, si par des événemens imprévus, non provenant de son fait, cette communauté lui devient onéreuse.

En renonçant pendant l'absence, elle rentre dans la même position que si, à l'époque de la déclaration d'absence, elle eût consenti la dissolution de la communauté.

IV.

Des cas où l'absent a laissé une procuration, de l'envoi en possession provisoire, de l'héritier présomptif, des créanciers, donataires, légataires de l'absent; conditions de cet envoi en possession provisoire.

Si l'absent a laissé une procuration, il a

usé de son droit, il a veillé à l'administration de ses biens. On peut présumer qu'il prévoyoit que son absence seroit longue, puisqu'il a pris cette précaution. Quelques auteurs distinguoient si cette procuration confioit l'administration de la fortune de l'absent à un parent ou à un étranger. Dans le premier cas, ils suspendoient l'envoi en possession provisoire; dans le second, la précaution du propriétaire étoit regardée comme illusoire; c'étoit même (dit l'orateur du gouvernement) « l'usage le plus général » de ne pas regarder la procuration comme » pouvant mettre obstacle à l'envoi en pos» session, après le délai ordonné. »

Nos législateurs ont pensé que la volonté du propriétaire devoit être respectée; mais que la durée des pouvoirs donnés au mandataire ne devoit pas être indéfinie : ils l'ont fixée à dix années.

« Si l'absent a laissé une procuration, » ses héritiers présomptifs ne pourront » poursuivre la déclaration d'absence, et » l'envoi en possession provisoire, *qu'a-* » *près dix années révolues*, depuis sa » disparution ou depuis ses dernières nou» velles. » *Ibid, chap. III, sect. I, art.* 121.

« Il en sera de même si la procuration » vient à cesser (soit par le décès du man- » dataire, ou parce que sa durée étoit li- » mitée); et dans ce cas, il sera pour- » vu à l'administration des biens de l'ab- » sent, comme il a été dit au chap. Ier; » (c'est-à-dire, par la nomination d'un notaire séquestre, et, s'il le faut, d'un curateur à l'absence.) *Ibid. Art.* 122.

N. B. L'équité de cette seconde disposition n'est pas aussi évidente que celle de la première. Si l'absent avoit limité les pouvoirs de son mandataire à un certain temps; son absence après ce temps est une présomption de décès. Si le mandat est dissous par la mort du mandataire, pourquoi, après l'expiration des cinq années que vous avez décrétées, préférez-vous un notaire séquestre, un curateur à l'absence, à l'héritier présomptif, intéressé à la conservation des biens de l'absent?

« La jurisprudence a été uniforme, (quant à la qualité du dépositaire); » toujours les » héritiers ont été préférés. » *Discours du conseiller d'état Bigot-Preameneu.*

« Si l'époux absent n'a point laissé de pa- » rens habiles à lui succéder, l'autre époux » pourra demander l'envoi en possession » provisoire. » *Ibid. Section III. Art.* 140.

Car il est habile à succéder, en vertu du titre du digeste *unde vir et uxor*, dont nous parlerons en traitant des successions.

« Mais il n'existe point de successions » que les dettes ne soient prélevées. »

L'envoi en possession de l'héritier présomptif ne préjudicie donc point au droit des créanciers; seulement au lieu d'intenter leur action contre l'absent, après « le » jugement de déclaration d'absence, toute » personne qui auroit des droits à exercer » contre l'absent, ne pourra les poursuivre » que contre ceux qui auront été envoyés » en possession des biens, ou qui en auront » l'administration légale. » *Ibid. Art.* 334.

En général, les testamens ne doivent et ne peuvent être exécutés qu'à la mort de ceux qui les ont faits. Suspendra-t-on par ce motif l'exécution du testament de l'absent, jusqu'à ce que sa mort soit constante? La loi 2, §. 4, *dig. test. quem ad mod. dum aperiant.* prévoit le cas de l'incertitude entre la vie et la mort du testateur; elle porte que le préteur décidera, en connoissance de cause, si le testament mystique sera ouvert : *Si dubitetur utrum vivat an decesserit is cujus quis quod ad cau-*

sam testamenti pertinet, inspici describique postulat, dicendum est, prætorem, causâ cognitâ, statuere id debere.

De là, dans notre ancien droit, l'incertitude des jurisconsultes, dont les uns vouloient que le testament de l'absent fût ouvert, les autres que le droit des héritiers ou légataires fût suspendu, jusqu'à ce que le décès fut constant.

Le nouveau code décide la question : le testament sera ouvert par les magistrats; les héritiers testamentaires, les légataires, tous ceux qui ont des droits qui se reportent à la mort de l'absent, jouiront provisoirement des libéralités qui leur auront été faites; mais ne seront, comme le présomptif héritier et les légataires, que de simples dépositaires, obligés de rendre compte, en cas que l'absent se représente, ou qu'on ait de ses nouvelles. *Ibid. Art.* 123 *et* 125.

« Ceux qui auront obtenu l'envoi provisoire, ou l'époux qui aura opté pour
» la continuation de communauté, devront
» faire procéder à l'inventaire du mobilier
» et des titres de l'absent, en présence du
» commissaire du gouvernement, près du
» tribunal de première instance, *ou d'un*

» *juge de paix*, requis par ledit commis-
» saire. » *Ibid. Art.* 126.

« Le tribunal ordonnera, s'il y a lieu, » de vendre tout ou partie du mobilier. » Dans le cas de vente, il sera fait emploi » du prix, ainsi que des fruits échus.

» Ceux qui auront obtenu l'envoi pro» visoire pourront requérir, pour leur sû» reté, qu'il soit procédé, par un expert » nommé par le tribunal, à la visite des » immeubles, à l'effet d'en constater l'état. » Son rapport sera homologué en présence » du commissaire du gouvernement. *Les » frais en seront pris sur les biens de » l'absent.* » *Ibid.* Art. 126.

V.

Des effets de l'absence, relativement aux droits éventuels qui peuvent compéter à l'absent.

Un legs, une succession, soit légitime, soit testamentaire, vient à s'ouvrir pendant la disparution d'un individu appelé à la recueillir, à qui appartiendra-t-elle?

Le savant orateur du gouvernement observe les variations que la jurisprudence du parlement de Paris a éprouvé sur cette question.

L'ancienne ne considérant que la faveur d'un être qui, s'il existe, mérite toute la protection des lois, précisément parce qu'il est dans l'impossibilité de se défendre, autorisoit l'héritier de l'absent envoyé en possession provisoire de tous ces droits, à réclamer, au nom de l'absent, ce legs, cette succession, comme le tuteur d'un pupille encore dans le sein de sa mère, est censé existant toutes les fois qu'il s'agit de ses intérêts; elle étendoit ce principe jusqu'aux créanciers de l'absent exerçant ses droits, en donnant néanmoins, par les uns et par les autres, caution de restituer, en cas qu'il fut prouvé que l'absent étoit mort à l'époque de l'ouverture du legs, de la succession; c'étoit rejeter tout le poids de la preuve sur les cohéritiers de l'absent, ou sur ceux qui devoient recueillir à son défaut.

Ce système renfermoit une erreur de droit évidente.

L'héritier en possession, la femme, les créanciers de l'absent qui réclament le partage d'une succession, qu'ils prétendent lui être dévolue, la délivrance d'un legs qui lui a été fait, sont demandeurs; ils sont donc dans l'obligation de prouver que celui qu'ils représentent étoit vivant à l'ouverture de cette succession, pour en tirer cette conséquence qu'il étoit capable d'hériter au moment que la succession s'est ouverte, que le legs subsistoit, et n'étoit pas devenu caduc par le prédécès du légataire ou testateur.

S'ils ne font pas cette preuve, ils doivent être déclarés non-recevables dans leur demande, et à défaut de l'absent qui a disparu, les cohéritiers au même degré, qui eussent partagé avec lui si son existence eût été prouvée, recueilleront seuls l'universalité de la succession, le legs fait à l'absent sera censé caduc, les intéressés y participeront, *sans donner caution;* car ils succèdent de leur chef, non du chef de l'absent.

Et cependant l'absent, s'il reparoît avant les trente ans, c'est-à-dire, avant l'époque de la prescription, conservera l'action en pétition d'hérédité, en délivrance de legs, et sera en droit de l'exercer contre les tiers détenteurs de l'hérédité; mais *sans resti-*

tution de fruits; car ces détenteurs étoient de bonne foi; et il est de principe que le tiers détenteur de bonne foi gagne les fruits qu'il a perçus pendant sa détention.

Tel est le développement des règles établies par la sect. II du chap. III du nouveau code. *Art.* 135, 136, 137, 138.

VI.

De la fin de l'absence, de la restitution de fruits, de l'envoi définitif en possession des biens de l'absent, et de la prescription.

L'absence finit par le retour de celui qui avoit disparu, par des nouvelles certaines de son existence, et par son décès constaté.

« Si l'absent reparoît, ou si son exis-
» tence est prouvée, pendant l'envoi pro-
» visoire, les effets du jugement qui aura
» déclaré l'absence cesseront, sans préju-
» dice, s'il y a lieu, des mesures conser-
» vatoires prescrites, pour l'administration
» de ses biens, au chap. Ier. » *Code civil, Chap. III. Sect. I. Art.* 131.

C'est-à-dire, du notaire-séquestre, ou du curateur à l'absence, jusqu'à ce que les espérances qu'on a conçues soient réalisées.

Si la preuve du décès de l'absent est acquise, *sa succession est ouverte du jour de son décès prouvé, au profit des héritiers plus proches à cette époque;* et ceux qui ont joui de ses biens sont tenus de les restituer, *avec les fruits*, sauf les modifications ci-après. *Ibid. Art.* 130.

« Partout on s'accordoit sur ce qu'il eût » été trop onéreux aux héritiers de rendre » compte des revenus qu'ils auroient reçus » pendant un nombre d'années. L'existence » de l'absent, qui chaque année devient » plus incertaine, les malheurs que les héri- » tiers peuvent éprouver, l'accroissement » du dépôt, la continuation des soins qu'il » seroit injuste de laisser aussi long-temps » sans aucune indemnité, le refus qui se- » roit fait d'une charge aussi pesante, tous » ces motifs avoient fait décider jusqu'ici » qu'après un certain temps, les héritiers » devoient profiter des revenus. » *Discours du conseiller d'état Bigot-Preameneu.*

L'ancienne jurisprudence n'avoit su d'autre remède à ces inconvéniens. En Bretagne, c'étoit après dix ans, à compter de l'envoi en possession provisoire ; ailleurs, après quinze ; à Paris et dans la majeure partie de la France, après vingt années ; comme si le dépositaire pouvoit, par quelque laps de temps que ce fût, prescrire contre son titre, qui l'oblige à la restitution de l'intégralité de ce qu'il a reçu !

Le nouveau code établit une règle plus juste.

C'est une échelle descendante qui allége la restitution des fruits en proportion de la durée de la jouissance.

Si l'absent reparoît, ou que son décès soit constaté dans les quinze années, à compter de la déclaration d'absence, les envoyés en possession provisoire ne seront tenus de lui restituer que le cinquième des fruits qu'ils auront perçus ; quatre-cinquièmes leur demeureront pour indemnité de leurs soins ; après quinze ans révolus, le dixième ; après trente ans, ils seront dispensés de toute restitution de fruits. *Ibid. Art.* 127.

A cette époque, ou s'il s'est écoulé cent ans depuis la naissance de l'absent, dont on ignore la vie ou la mort, les envoyés en possession provisoire, pourront s'adresser au tribunal de première instance pour réclamer, et devront obtenir, sur les conclusions du ministère public, l'envoi en possion définitif des biens dont ils n'avoient été jusqu'alors que dépositaires. *Ibid. Art.* 129.

Il sembloit superflu d'observer que jusqu'à cet envoi en possession définitif, les dépositaires n'avoient le droit ni d'aliéner, ni d'hypothéquer les biens dont la garde leur étoit confiée. *Ibid. Art.* 128.

Mais depuis l'envoi en possession définitif, ils sont devenus propriétaires; et cependant l'absent, s'il se représente, et à son défaut, ses enfans et descendans auront, pendant 30 années, le droit de réclamer leur patrimoine; mais il devra leur être rendu en l'état où il se trouvoit à l'époque de l'envoi en possession définitif, *et seulement avec restitution du prix des immeubles qui auroient été aliénés, ou des biens provenant de l'emploi qui auroit été fait du prix de ces mêmes biens vendus.* Ibid. *art.* 182 *et* 133.

Nous disons enfans ou descendans; car les héritiers collatéraux habiles à succéder, comme les plus proches, et à leur défaut, la veuve, sont ceux mêmes qui auroient obtenu l'envoi en possession et provisoire et définitif, comme il a été dit ci-dessus. On ajoute pendant trente ans, terme de la prescription de toute action personnelle. Près de cent ans se seroient écoulés alors à compter de l'époque de la disparution de l'individu dont ils prétendroient exercer les droits.

VII.

Des effets de l'absence, relativement au mariage.

« L'époux dont le conjoint a contracté » une nouvelle union, sera seul recevable » à attaquer ce mariage par lui-même ou » par son fondé de pouvoir, muni de la » preuve de son existence. » *Ibid. Sect. III. Art.* 140.

« Suivant une jurisprudence presqu'uni- » verselle, la présomption résultante de » l'absence la plus longue et de l'âge le » plus avancé, fût-il même de cent ans, » n'est point admise comme pouvant sup- » pléer à la preuve du décès de l'un des » époux..... Si l'époux d'un absent avoit

» contrevenu à des règles aussi certaines, » le mariage seroit nul; l'absent qui reparoîtroit conserveroit seul les droits d'un » hymen légitime.... L'état civil de l'en» fant né d'un pareil mariage dépend de la » bonne foi avec laquelle il a été contracté » par ses père et mère, ou même par l'un » d'eux. Non-seulement la personne avec » laquelle se fait le second mariage peut » avoir ignoré que le premier existoit ; il » est encore possible que l'époux de l'ab» sent ait cru avoir des preuves positives » de sa mort; qu'il ait été trompé par de » faux extraits, par des énonciations erro» nées dans des actes authentiques, ou de » toute autre manière.

» On a voulu que le mariage contracté » pendant l'absence ne pût être attaqué » que par l'époux même, à son retour, ou » par celui qui seroit chargé de sa procu» ration.

» La dignité du mariage ne permet pas » de le compromettre pour l'intérêt pécu» niaire de collatéraux; et il doit suffire » aux enfans nés d'une union contractée de » bonne foi d'exercer leurs droits de légi» timité, droits qui dans ce cas ne sauroient

» être contestés par les enfans même nés » du premier mariage. » *Discours du conseiller d'état Bigot-Preameneu.* Sur la bonne foi qui légitime les enfans nés d'un mariage illégal. *Voyez la section Ire. de ce titre*, §. IV. *Du mariage.*

§. VI.

Des citoyens et des morts civilement, ou de la jouissance et privation des droits civils.

N°. I.

DROIT ANCIEN.

La soumission de tous les citoyens aux lois protectrices de la liberté et de la propriété, renferme cette condition tacite, que celui qui portera le trouble dans la société, perdra son droit à la protection des lois; tel est le caractère de la *mort civile pénale.* La mesure des peines est subordonnée à la nécessité de réprimer les crimes. Il en est qui nécessitent de retrancher de la cité, par la mort naturelle, un citoyen dangereux, d'autres dans lesquels la loi se contente de priver le malfaiteur des avantages communs de la société qu'il a troublée; c'est l'effet du bannissement introduit parmi nous, à l'exemple de ceux qu'on nommoit chez les Romains *deportati*, et de la condamnation à des travaux utiles, tels qu'étoient chez les Romains les condamnés aux mines, *damnati ad metalla;* parmi nous les condamnés aux galères.

Ceux contre lesquels ces peines étoient prononcées à perpétuité, perdoient tout droit de cité, toute propriété; leurs biens rentroient dans la communauté générale; de là le droit de confiscation appartenant au monarque comme au représentant de la chose publique, ou aux seigneurs haut-justiciers, qui, par un vestige du gouvernement féodal, étoient devenus, sous l'autorité du monarque, les représentans de la chose publique dans les limites de leurs seigneuries.

Le coupable qui n'évitoit la mort que par la fuite, n'existoit plus aux yeux de la loi : *qui confisque le corps, il confisque les biens;* cependant nos ordonnances accordoient au contumace cinq ans, pour anéantir, en se représentant, l'instruction faite contre lui, et le jugement qui l'avoit suivi. La loi ne permettoit pas au magistrat de refuser d'entendre l'accusé contumace, même après les cinq ans de la condamnation; seulement les condamnations pécuniaires, amendes et confiscations, avoient, dans ce dernier cas, leur exécution provisoire, jusqu'à ce que le jugement fut anéanti par l'absolution. C'est la disposition des art. 18 et 28 du titre XVII de l'Ordonnance de 1670.

Il étoit un autre genre de mort civile, qui résultoit de la profession religieuse. Les vœux solennels de pauvreté et d'obéissance renfermoient une abdication absolue des droits sociaux. Le religieux cessoit de faire une tête dans l'Etat; il devenoit une portion d'un être collectif, la communauté, le monastère auquel ses vœux le lioient. Cette réunion d'intérêts étoit la source de la richesse de nos monastères; car chacun des membres qui les composoient, veilloit avec d'autant plus de soin et d'activité à la conservation et à l'accroissement de la chose commune, qu'ils n'avoient aucune propriété personnelle.

Les lois des empereurs chrétiens, loin de prohiber les donations, les institutions d'héritiers, les libéralités, faites par les religieux à leurs monastères, les avoient encouragées. De telles lois étoient tolérables dans une église pauvre dans sa naissance; leurs dispositions avoient long-temps prévalu parmi nous; mais l'abus s'étoit fait sentir, et avoit nécessité d'interdire aux novices toute disposition au profit des maisons dans lesquelles ils entroient.

Nonobstant cette précaution, il étoit facile de s'apercevoir que les monastères, les communautés ecclésiastiques et régulières, les *gens de main-morte* en un mot, (car c'est ainsi qu'on nommoit ces corporations qui formoient des êtres civils dans l'état), enrichis par leur dotation et par les libéralités postérieures, dans l'interdiction absolue d'aliéner leurs immeubles réels, sans une permission expresse du souverain, et des lettres-patentes enregistrées dans les cours, après une information qui constatoit la nécessité ou l'utilité de l'aliénation, parviendroient enfin à une opulence qui absorberoit les fortunes particulières, et introduiroit, comme l'expérience de tous les temps l'a démontré, le relâchement et la licence dans les maisons les plus saintes, s'il leur étoit permis de recevoir de nouveaux dons d'immeubles, ou même d'employer en acquisitions de cette nature les fruits de leurs économies.

Les entraves imposées en cette partie à l'être civil que la loi donnoit aux gens de main-morte fut d'abord une affaire de finance, l'origine d'un droit pécuniaire, nommé *droit d'amortissement*, prix de la faculté accordée aux gens de main-morte de tirer du commerce les fonds qu'ils acquéroient. Ce droit, joint au prix principal, aux droits seigneuriaux, à l'indemnité que les seigneurs exigèrent des droits de mutation dont ils seroient privés par la suite, avoit fait monter ces acquisitions à un prix excessif; et cependant ils continuoient de placer en immeubles les fruits de leurs épargnes. Arriva enfin l'édit du mois d'août 1749, fruit de la sagesse de l'immortel chancelier d'Aguesseau, qui déclara nulles toutes dispositions d'immeubles réels, au profit des gens de main-morte, et leur interdisoit toutes acquisitions de cette nature, hors les cas d'exception exprimés spécialement par la loi.

Quelqu'étrangère que soit une grande

partie de ces règles à l'ordre actuel, j'ai pensé que ce tableau abrégé des saines maximes et des abus de notre ancien gouvernement pourroit être de quelque utilité.

Recueillons le petit nombre de dispositions de la coutume de Paris, qui y sont relatives.

Nous passerons ensuite au titre du nouveau code, intitulé : *De la jouissance et de la privation des droits civils.*

I.

Mort civile résultante de la condamnation à peine capitale.

Qui confisque le corps, il confisque les biens. *Art.* 183. *Art. sect.* 5.

II.

Mort civile résultante de la profession religieuse.

Religieux et religieuses profès ne succèdent à leurs parens, ni le monastère pour eux. *Art.* 337.

III.

La puissance spirituelle que l'église confère à ses ministres, ne les affranchit pas des obligations imposées à tous les sujets de l'Etat. Ils y pouvoient être contraints, non-seulement par ajournemens personnels et saisie de leurs biens, meubles et immeubles, comme les laïcs; mais par saisie du revenu temporel de leurs bénéfices, qui, étant un bienfait de l'Etat, étoient considérés comme le gage naturel de leur fidélité et de leur soumission.

Nous vous mandons que vous contraigniez, *par la prise et saisie de leur temporel*, les gens d'église; et les gens laïcs, par la prise et saisie de leurs biens-meubles et immeubles, et ajournemens personnels.... *Lettres patentes du 15 janvier 1510, pour la rédaction de la coutume. De même, dans celles du 15 décembre 1579, et du 10 janvier 1580, pour la réformation.*

IV.

La promotion aux ordres sacrés n'emporte aucune incapacité de succéder.

Les parens lignagers des évêques et

autres gens d'église séculiers leur succèdent. *Art.* 336.

N°. II.

DE LA JOUISSANCE ET DE LA PRIVATION DES DROITS CIVILS, ET DU DROIT D'AUBAINE, DE DÉSHÉRENCE ET DE CONFISCATION, QUI Y SONT ESSENTIELLEMENT LIÉS.

Loin, bien loin cette fausse philosophie qui s'efforçant de donner de la consistance aux rêves poétiques de Lucrèce et d'Horace, nous peint les premiers hommes dispersés sur la surface du globe, sillonnant la terre avec leurs ongles, pour se creuser des repaires qui les mettent à l'abri de l'intempérie des saisons, des attaques d'ennemis plus forts, plus légers, plus voraces, s'aidant de branches pour faciliter leurs pénibles travaux, parvenus enfin, après d'innombrables révolutions, à vivre en paix, construire des cités, se donner des lois qui effraient l'assassin, le voleur, l'adultère.

Tel n'est pas le modèle que nous offre le spectacle de la nature, d'accord avec l'histoire la plus ancienne du genre humain;

mais un peuple innombrable de frères se divisant en sociétés qui ont entr'elles les mêmes relations que les individus, une double série de droits, les uns politiques, relatifs au gouvernement intérieur et extérieur, les autres civils, déterminés par des lois qui procurent à chacun la sûreté de sa personne et de ses propriétés, assurent l'exécution de ses conventions, règlent la transmission de la génération présente à la génération qui la suit.

« L'éclat de la victoire, la prépondérance » d'un gouvernement également fort et » sage, donnent sans doute un grand prix » à la qualité de *citoyen français;* mais » cet avantage seroit plus brillant que so- » lide; il laisseroit encore d'immenses vœux » à remplir, si la législation intérieure ne » garantissoit à chacun une existence douce » et tranquille, et si, après avoir tout fait » pour la gloire de la nation, on ne s'occu- » poit pas, avec le même succès, du bon- » heur des personnes. » *Discours du conseiller d'état Treilhard.*

C'est ce qu'on nomme les droits civils, essentiellement distincts de la participation à l'administration politique, comme le même orateur en avertit, comme le porte l'art. Ier de ce titre :

« L'exercice des droits civils est indépen-
» dant de la qualité de *citoyen*, laquelle
» ne s'acquiert que conformément à la loi
» constitutionnelle. » *Code civil, Titre. I, Chapitre I. Art.* 7.

Ainsi les droits civils sont la conséquence nécessaire de la seule qualité de Français ; car la loi doit protection à tous les Français, soit qu'ils aient ou non rempli les conditions réglées par la constitution pour jouir des prérogatives attachées au titre de citoyen.

I.

Du Français par la naissance, soit qu'il soit né en France ou en pays étranger, d'un père Français; de celui qui l'est par choix ; de la femme étrangère mariée à un Français, et réciproquement ; de l'étranger admis par le gouvernement à établir son domicile en France.

« Tout Français jouit des droits civils. » *Code civil. Tit. I. Chap. I. Art.* 8.

Quel est l'individu Français de droit? Celui qui, né d'un Français qui n'avoit pas perdu ses droits civils, réside dans sa patrie.

Le hasard de la naissance en pays étranger fera-t-il perdre au fils d'un Français les droits civils en France? Non. « Tout en» fant né d'un Français en pays étranger, » est Français. » *Ibid. Art.* 10.

Quel est le Français par choix?

1°. Celui qui, *né en France* d'un étranger, a, dans l'année qui a suivi l'époque de sa majorité, réclamé la qualité de Français, avec déclaration, s'il réside en France, de l'intention d'y fixer son domicile, et, s'il réside en pays étranger, avec soumission de fixer en France son domicile, suivie de l'exécution dans l'année. *Ibid. Art.* 9.

2°. L'individu né d'un Français recouvre aux mêmes conditions la qualité de Français que son père avoit perdue. *Ibid. Art.* 16.

« Si nous recevons l'étranger en France, » (dit l'orateur du gouvernement), rejet» terons-nous de notre sein celui qui sera » né en pays étranger, mais d'un père qui » auroit perdu la qualité de Français? — » Non, sans doute; c'est toujours du sang

» français qui coule dans ses veines..... »
Discours du conseiller d'état Treilhard.

3°. La femme étrangère devenue Française par la fixation en France du domicile de son époux. *Ibid, art.* 12.

Nous verrons ci-après par quels moyens la femme française privée des droits que lui donnoit sa naissance, par le domicile de son époux en pays étranger, devenue veuve, recouvre le titre qu'elle avoit perdu.

4°. « L'étranger admis par le gouverne-» ment à établir en France son domicile, » y jouira de tous les droits civils, tant » qu'il continuera d'y résider. » *Ibid. Art.* 16.

C'est ce qu'on appeloit en style de chancellerie, *des lettres de naturalité.*

Elles me rappellent une question assez délicate qui s'éleva à ce sujet, tant aux requêtes du palais qu'en la grand'chambre du parlement de Paris, vers le milieu du siècle dernier.

M. le prince de Leweinstein, de la maison de Bavière, naturalisé Français, domicilié en Lorraine, du vivant de Stanislas, c'est-à-dire, dans un temps où la France avoit la souveraineté éventuelle de cette province, quoique l'exercice actuel en appartînt au feu roi de Pologne, réclame le partage de la succession de madame la princesse de Rohan. Il a pour concurrens M. le prince de Condé, et madame la princesse de Lowenstein, épouse de M. de Giovanni, italien d'origine, mais dont la naturalisation n'est pas contestée. Le domicile de M. le prince de Lowenstein en Lorraine, dont la souveraineté actuelle n'appartient pas encore à la France, quoiqu'elle en exerce tous les droits sous le nom du beau-père de Louis XV, a-t-il satisfait à la condition des lettres de naturalité de résider en France ? Telle est la question soumise à la décision des magistrats. Je soutenois que le vœu de la loi étoit rempli; qu'on ne pouvoit regarder comme étrangère à la France une partie de son antique patrimoine, dont la souveraineté lui étoit assurée par les traités, quoique des considérations particulières en suspendissent l'exercice.

L'affaire ayant été appointée en la grand'-chambre, ce motif prévalut dans le conseil de M. le prince de Condé, sur la rigueur du droit, appuyée de toute l'éloquence du plus célèbre orateur du siècle dernier, après l'immortel Cochin (1).

Je n'ai cité cet exemple que pour faire voir que les principes adoptés par le nouveau code, sont applicables au droit ancien comme au droit nouveau.

II.

Des droits de l'étranger, pendant sa résidence en France; comment modifiés par l'obligation de donner caution *judicatum solvi*, et par les droits d'aubaine, de déshérence et de confiscation?

C'est un principe qui tient au droit des gens, à l'intérêt de toutes les nations, que l'étranger, résidant même momentanément dans le territoire de chacune d'elles, contracte valablement : que ses obligations sont obligatoires, dans quelque lieu qu'il transporte sa résidence; c'est par ce commerce mutuel fondé sur la bonne foi respective, que tous les peuples ne forment qu'une

(1) Feu M. Gerbier.

seule famille. Mais il importe à la sûreté de ces mêmes engagemens que le Français, l'Espagnol, l'Anglais, etc., etc. qui n'ont pas obligé leur débiteur à un paiement actuel, ne soient pas forcés d'abandonner leur domicile, pour réclamer, dans une terre étrangère, ce qui leur est dû. De tels engagemens donnent lieu à une exception à la règle générale : *Actor sequitur forum rei :* « Le demandeur est tenu de plaider » devant le tribunal dans lequel le défen- » deur a son domicile. »

Il importe que, sous prétexte d'une obligation contractée en pays étranger, envers un étranger, un Français ne soit pas obligé d'abandonner sa patrie, pour défendre à une action intentée contre lui dans une terre étrangère.

Il importe enfin que les étrangers ne puissent vexer impunément les Français par des demandes injustes, et ne leur laissent d'autre recours pour les frais et les dommages-intérêts auxquels ils pourront être condamnés, que des poursuites à exercer contre leur débiteur sur une terre étrangère.

C'est par ces motifs que l'article 7 du

titre XI de l'ordonnance de 1667, porte que « Les étrangers qui seront hors du » royaume seront ajournés aux domiciles » des procureurs - généraux des parle- » mens où ressortiront les appellations » des juges devant lesquels ils seront assi- » gnés..... » Ces magistrats étoient chargés alors de faire parvenir ces assignations au domicile du défendeur; aujourd'hui c'est le grand-juge ministre de la justice qui remplit cette fonction. C'est par le même motif que la jurisprudence constante de tous les tribunaux n'admettoit l'étranger demandeur à plaider en France, qu'en l'obligeant préalablement de donner caution, *judicatum solvi*, pour parler le langage des praticiens; c'est-à-dire, des frais et des dommages-intérêts.

Ces dispositions sont renouvelées par trois articles du nouveau code.

« L'étranger, même non résidant en » France, pourra être cité devant les tri- » bunaux français, pour l'exécution des » obligations par lui contractées en France » avec un Français. » *Ibid. Art.* 14.

« Un Français pourra être traduit *devant » les tribunaux de France* pour les obli-

» gations par lui contractées en pays étran» ger, même avec un étranger. » *Ibid. Art.* 15.

« En toutes matières, *autres que celles » de commerce*, l'étranger *qui sera de» mandeur*, sera tenu de donner caution » pour le paiement des frais et dommages» intérêts résultans du procès, *à moins » qu'il ne possède en France des immeu» bles suffisans pour assurer ce paie» ment.* » Ibid. Art. 16.

La loi excepte, 1°. les affaires de commerce; c'est-à-dire, les lettres de change, ou billets à ordre, dont il importe à la circulation que la marche ne soit entravée en aucun cas.

2°. Quant à la caution *judicatum solvi*, elle excepte le cas où l'étranger posséderoit en France des immeubles suffisans pour assurer le paiement des frais et dommages-intérêts, suivant l'axiôme de droit : *Plus cautionis est in re quam in personâ.* « Il y » a plus de sûreté dans la chose que dans » la personne. »

Si l'étranger résidant momentanément en France ne pourroit être privé du droit de contracter, sans qu'une telle prohibition ne mît de funestes entraves à la circulation, nos pères, à l'exemple des Romains, avoient pensé qu'il n'en étoit pas ainsi du droit de succéder, soit *ab intestat*, soit en vertu d'une disposition testamentaire, que la loi civile réglant la transmission des biens mobiliers et immobiliers de la génération présente à la génération future, pouvoit, sans injustice, déclarer vacantes les propriétés de ceux qui ne faisant pas partie de la société, n'étoient pas sous l'égide de la loi, qu'il seroit dangereux de leur permettre de recueillir des successions dont ils pourroient dépouiller la république, en aliénant les immeubles, pour en faire passer le prix dans une terre étrangère; de là les droits de *déshérence*, de *confiscation*, d'*aubaine*. Le premier relatif à l'hérédité de ceux qui ne laissoient pas d'héritiers apparens; le second à celle des condamnés à peine capitale, suivant la règle *qui confisque le corps, il confisque les biens;* le troisième au droit d'hériter des *aubains*, vieux mot désignatif des étrangers non naturalisés; les deux premiers appartenans tantôt au souverain, tantôt aux seigneurs hauts-justiciers, comme représentans de la chose publique, chacun dans leurs domaines.

« Quand le propriétaire d'aucun héritage » va de vie à trépas, sans hoirs apparens, » le haut-justicier en la justice duquel les » héritages sont assis, peut et lui est loi- » sible iceux héritages vacans, et non occu- » pés, saisir et mettre en sa main. » *Coutume de Paris, art.* 167.

« Aussi appartiennent au seigneur haut- » justicier les déshérences étant en sa jus- » tice. » *Art. sec. VII.*

Le 3me., essentiellement royal, comme s'étendant par sa nature sur toute la France.

J'ai dit que ces droits, et notamment celui d'aubaine, tirent leur origine de la loi romaine; c'est la disposition de la loi 6, §. II, *au dig de hæred. inst. de la loi première. Cod. eod.*

Qui deportantur, (dit cette dernière loi) *si hæredes scribantur sicut peregrini capere non possunt; sed hæreditas in eâ causâ est in quâ esset si scripti non fuissent.*

« Ceux qui sont déportés, comme les » *étrangers,* s'ils sont institués héritiers, » ne peuvent recueillir; mais l'hérédité est

» dans la même position où elle seroit s'ils » n'avoient pas été institués. »

Le démembrement occasionné par l'anarchie féodale a donc contribué à l'application de ce droit; mais il n'en tire pas son origine. Politique fausse, sans doute. Des lois qui circonscrivent les peuples ne sont utiles qu'à des gouvernemens qui cherchent à retenir par la force ceux qu'ils ne peuvent espérer de conserver par le lien plus puissant de l'amour et de l'intérêt. Cette vérité a été vivement sentie dans le dernier siècle; ce fut l'objet des conventions multipliées entre les souverains pour faire jouir leurs sujets respectifs de l'exemption du droit d'aubaine. Heureuses les nations, si tous les hommes ne formoient qu'une famille immense gouvernée par des hommes animés de la noble émulation de procurer le bonheur des peuples que la Providence soumet à leur empire!

(1) M. de Montesquieu s'est élevé des premiers contre le droit d'aubaine. Il le nomme *un droit insensé*, et l'accole avec cette barbarie du prétendu droit de nau-

---

(1) Esprit des Lois, liv. XXI, chap. XVII.

frage, repoussée avec tant de force par les lois romaines (1), et toutefois cruellement imitée de nos jours. Un faux enthousiasme s'empare de l'assemblée constituante, *elle prononce l'abolition intégrale, absolue du droit d'aubaine, sans condition de réciprocité, comme un moyen d'appeler un jour tous les peuples au bienfait d'une fraternité universelle*..... « Depuis l'abolition absolue du droit d'aubaine de la » part de la France, de tous les peuples » qui n'avoient pas auparavant traité avec » elle, il n'en est pas un seul qui ait changé » sa législation. Ils n'avoient pas besoin de » faire participer chez eux les Français à » la jouissance des droits civils, pour ob- » tenir la même participation en France. » *Discours du conseiller d'état Treilhard.*

Cette inconséquence est évidente; et toutefois elle est la moindre des causes de la cessation de ces traités. Pourquoi le dissimuler, puisque le délire de nos égaremens passés ajoute à la gloire du héros qui se

(1) *Toto titulo*, dig. *de incendiis*, *ruin. naufr. T. T. C. de naufr. L. III.* dig. *ad leg. corn. de sicariis.*

dévoue tout entier pour en réparer les malheurs ?

Quand le glaive étoit sans cesse suspendu sur la tête de ces nombreux fugitifs qu'une rage insensée avoit bannis de leur patrie, il étoit de l'intérêt de tous les peuples d'arrêter, par les plus fortes barrières, les progrès de cette épidémie.

Rien n'est donc plus juste, plus conforme à une saine politique, que la disposition du nouveau code, relative au droit d'aubaine.

« L'étranger jouira en France des mêmes » droits civils que ceux qui sont ou seront » accordés aux Français par les traités de » la nation à laquelle cet étranger appar- » tiendra. » *Code civil, ibid, art.* 11.

III.

De la privation des droits civils par la perte de la qualité de citoyen français.

La qualité de Français se perd, 1° par la naturalisation en pays étranger (car nul ne peut avoir deux patries); 2°. par l'acceptation *non autorisée par le gouvernement* de fonctions publiques conférées par un gouvernement étranger; 3°. par l'affiliation à toute corporation étrangère qui exige des distinctions de naissance. (C'est la conséquence de l'égalité de droits qui est la base du nouvel ordre de choses. *V. ci-dessus.*) 4°. par tout établissement fait en pays étranger, *sans esprit de retour.* Code civil, *ibid*, sect. 1, art. 17.

N. B. Ici la nouvelle loi diffère de notre ancienne jurisprudence, qui supposoit toujours l'esprit de retour, s'il n'y avoit preuve au contraire. La finance des offices vénaux étoit seule confisquée, si l'officier décédoit en pays étranger, sans avoir obtenu l'autorisation du gouvernement.

Jusqu'ici, les dispositions du nouveau code civil sont calquées sur celle de l'art. II du titre Ier. de la constitution, *des causes qui font perdre la qualité de citoyen;* et cependant il ne s'agit ici que des droits civils, *droits acquis*, dit l'orateur du gouvernement, *à un grand nombre de Français qui ne sont ni ne peuvent être citoyens,* quant à la participation aux droits politiques; et cependant le nouveau code ajoute deux causes d'exclusion des droits civils qui ne se trouvent pas dans le §. IV du titre Ier. de la constitution.

5°. Le mariage d'une française avec un

étranger (par une suite de l'obligation de la femme de suivre son mari) ; 6°. l'entrée, *sans autorisation du gouvernement*, dans un service militaire étranger. *Ibid, art.* 17 et 21.

« Le Français qui aura perdu sa qua-
» lité de Français, pourra toujours la re-
» couvrer, en entrant en France, *avec*
» *l'autorisation du gouvernement*, et en
» déclarant qu'il veut s'y fixer, et qu'il re-
» nonce à toute distinction contraire à la
» loi française. » *Ibid, art.* 18.

Dans quelques cas, la loi ajoute des conditions plus rigoureuses. Nous nous bornerons ici à y renvoyer, en observant que les principales dispositions du nouveau code sont tirées du droit romain. V. le titre des instituts, *de capitis diminutione*, ou *changement d'état*. Ce titre en distingue trois degrés.

Le premier que les Romains nommoient *maxima capitis diminutio;* « la perte et » du droit de cité, et de la liberté. » *Cum aliquis simul et civitatem et libertatem amittit.* Inst. *de capitis dimin.* §. I.

C'est l'effet d'une condamnation à peine capitale. (Nous en parlerons dans un moment.)

« La moindre, » *minima.* Le passage du titre de fils de famille à celui de père de famille, et réciproquement, par l'émancipation et l'adoption. *Ibid*, §. IV *et suiv.*

Nous avons développé en un autre lieu les principes de notre droit ancien et nouveau sur cette matière.

Enfin celle qui est particulièrement l'objet de ce titre du nouveau code, « la moindre » ou la moyenne. » *Minor, sive media capitis diminutio..... cum civitas quidem quidem amittitur, libertas vero retinetur; quod accidit ei cui aquâ et igni interdictum fuerit, vel ei qui in insulam deportatus est.* Ibid, §. II. « Quand on perd le droit » de cité, en conservant sa liberté, c'est » l'état de ceux à qui on interdit le feu et » l'eau, ou qui sont déportés dans une île » : de ceux, en un mot, que nous nommons émigrés.

IV.

De la privation des droits civils, par suite des condamnations judiciaires.

« Les condamnations à des peines dont » l'effet est de priver celui qui est con- » damné de toute participation aux droits

» civils..... emporteront mort civile. » *Code civil*, ibid, *sect. II, art.* 22.

C'est ce que les Romains nommoient *maxima capitis diminutio*, « le retranchement de l'individu de la société, soit par la condamnation à une mort forcée, qui emporte de droit mort civile, lors même que le condamné échappe au supplice, *ibid, art.* 23, soit en vertu d'une loi expresse, *ibid, art.* 24, en le laissant végéter sur la terre, *privé de la liberté et du droit de cité*, « esclave de la peine, » pour me servir de l'expression des lois romaines, *servi pœnœ efficiuntur*, dit le §. 1er. inst. *de cap. dimin.*

Tel étoit, dans notre ancien droit, l'ordre des peines, si vous en retranchez l'insensée question préparatoire, soit avec réserve de preuves, ou sans réserve de preuves, dont est souillée même une loi rédigée sous le règne éternellement mémorable de Louis XIV, par les conseils des hommes les plus vertueux, des magistrats les plus éclairés; tant les hommes les plus sages ont peine à se défaire de leurs antiques préjugés! entièrement effacée, avant l'époque de notre révolution, par le juste et bienfaisant Louis XVI.

« Après la peine de mort naturelle, les » plus rigoureuses (sont) les galères per- » pétuelles, le bannissement perpétuel..... » *Ordonnance de* 1670, *tit. XXV, art.* 13. Seules peines qui emportassent parmi nous mort civile; car les condamnations *temporaires* n'avoient pas cet effet.

Aujourd'hui c'est la condamnation directe à la mort civile, ou à une perpétuelle captivité, qui rend le condamné *esclave de la peine.*

Pourquoi, s'écrient ceux qui attachent notre régénération plus aux mots qu'aux choses, pourquoi entacher notre code de cette expression proscrite et barbare?

« Citoyens législateurs, répond l'orateur » du gouvernement, celui qui est condamné » légalement, pour avoir dissous, autant » qu'il étoit en lui, le corps social, ne peut » plus en réclamer les droits; la société ne » le connoît plus; elle n'existe plus pour » lui; il est mort à la société : *voilà la mort* » *civile.*

» Pourquoi proscrire une expression qui » rend parfaitement ce qu'on veut expri- » mer, dont tout le monde connoît la valeur » et le sens, et que ceux mêmes qui l'im-

» prouvent n'ont pu remplacer par aucune » autre expression? » *Discours du conseiller d'état Treilhard.*

La mort civile est l'image de la mort naturelle : suivons-en les effets.

Autrefois elle faisoit rentrer les biens du condamné dans l'indivision primordiale; c'est à ce titre que le monarque, et, depuis l'introduction du gouvernement féodal, les seigneurs hauts justiciers, y succédoient comme à une épave, à une chose abandonnée par le propriétaire, appartenante aux représentans de la chose publique, chacun dans leur ressort. C'est ce qu'on nommoit *droit de confiscation.*

Il étoit rare que nos rois en profitassent pour eux-mêmes, qu'ils en accrussent leur domaine. Ils avoient coutume de faire don de la confiscation, soit à la famille du condamné, soit à d'autres.

Pourquoi faire produire à la mort civile un effet que la mort naturelle ne produit pas? pourquoi priver les héritiers légitimes du condamné du fruit de ses travaux, ou de ceux dont il avoit recueilli les droits?

Depuis long-temps le droit de confiscation n'existe plus; l'effet de la nullité de l'existence civile opérée par une condamnation à peine capitale (car cette expression renferme et la mort naturelle, et la mort civile) est de donner ouverture à la succession du condamné, au profit de ses héritiers légitimes.

Il est mort aux yeux de la loi ; il ne peut donc ni recueillir aucune succession légitime ou testamentaire, ni transmettre à ses héritiers les biens qu'il auroit acquis par son travail, ou de toute autre manière, depuis sa condamnation. *Ibid.* Ces biens appartiennent à la nation par droit de déshérence. « Le gouvernement en peut faire, au profit » des enfans du condamné, telles dispositions que l'humanité lui suggérera. » *Ibid, art.* 33.

« Il ne peut ni disposer de ses biens, en » tout ou en partie, par donation entre vifs » ou par testament, ni recevoir à ce titre, » *si ce n'est pour cause d'alimens.* » Ibid.

N. B. Distinguez entre le testament et la donation entre vifs ; le testament, même antérieur à la condamnation, n'a d'effet qu'après la mort naturelle ou civile du testateur ; celui, même authentique, fait par le condamné, antérieurement à la condamnation, est donc essentiellement caduc ; car son exécution se reporte à une époque où le testateur n'existe plus aux yeux de la loi ; mais la donation entre vifs est un contrat qui saisit le donataire du moment qu'elle est acceptée : les biens donnés ne sont donc plus dans la succession du condamné.

« Il ne peut ni être nommé tuteur, ni » concourir aux opérations de la tutelle. » *Ibid.*

« Il ne peut être témoin *dans un acte* » *authentique ou solennel*, ni être admis » à porter témoignage en justice. » *Ibid.*

« Il ne peut procéder en justice, ni en » défendant ni en demandant, *que sous le* » *nom et par le ministère d'un curateur* » qui lui sera nommé par le tribunal où » l'action est intentée. » *Ibid.*

N. B. Si la fiction de la non-existence du condamné à mort civile n'empêche pas qu'il ne soit représenté en justice par un curateur, pourquoi la justice rejetteroit-elle son témoignage, dans le cas où l'on ne choisit pas les témoins, où la femme, l'enfant, même impubère, sont écoutés comme témoins *nécessaires* d'un fait qui intéresse essentiellement l'ordre public ; sauf à avoir à son témoignage tel égard que de raison ?

« Il est incapable de contracter mariage » qui produise aucun effet civil. » *Ibid.*

« Le mariage qu'il avoit contracté précé-

» demment est dissous, *quant à tous les* » *effets civils.* » Ibid.

Son conjoint et ses héritiers peuvent exercer respectivement leurs droits, et intenter toutes actions auxquelles la mort naturelle du condamné donneroit ouverture. *Ibid.*

Tels furent dans notre ancien droit, et tels sont encore les effets d'une condamnation contradictoire emportant mort civile.

En est-il de même d'une condamnation par contumace, c'est-à-dire par défaut? car ces deux expressions sont synonymes : l'une est usitée en matière criminelle, l'autre en matière civile.

Ici nos anciennes lois s'accordent presque en tout avec le nouveau code. Notons sommairement les points dans lesquels elles diffèrent.

Les jugemens par contumace n'emporteront la mort civile qu'après les cinq années qui suivront l'exécution par effigie, qui sont données à l'accusé pour se représenter. *Code civil*, ibid, *art.* 27.

N. B. Négligeons la futile distinction de l'exécution par effigie, qui n'avoit lieu, dans notre ancien droit, que pour les seules condamnations par contumace à mort naturelle, et l'insertion du jugement dans un tableau affiché dans la place publique, qui avoit lieu pour les condamnations emportant mort civile. Toutes les dispositions du titre XVII de l'ordonnance de 1670, supposent ce délai de cinq années, pendant lesquelles, soit que le condamné se représente, soit qu'il soit arrêté et constitué prisonnier, (car l'humanité de nos lois anciennes et nouvelles assimilent ces deux espèces) toute la procédure de contumace est anéantie.

Et cependant l'exécution provisoire étant due au jugement pendant ces cinq années de grâce, jusqu'à ce que le condamné se représente, ou qu'il soit arrêté, il est privé de l'exercice de ses droits civils; ses biens sont administrés de même que ceux des absens. *Ibid, art.* 28.

« Lorsque le condamné par contumace se » présente dans les cinq ans, à compter de » l'exécution, ou lorsqu'il est saisi et cons- » titué prisonnier dans ce délai, *le jugement* » *est anéanti de plein droit;* le condamné » est remis en possession de ses biens, il est » jugé de nouveau; et si par ce nouveau » jugement il est condamné à la même » peine, ou à une peine différente, empor- » tant mort civile, elle n'aura lieu qu'à » compter de l'exécution du second juge- » ment. » *Ibid, art.* 29.

Ici le droit ancien ne diffère du droit nouveau, qu'en ce que le condamné par contumace se représentant ou étant arrêté, soit après les cinq ans, soit même pendant les cinq ans, étoit obligé de payer les frais de contumace qui, sans cela, se fussent trouvés à la charge du seigneur haut justicier dans la justice duquel le délit avoit été commis, ou à celle du domaine, si c'étoit le lieu du délit. *Ordonn. de* 1670, *tit. XVII, art.* 18 *et* 19.

Dans le droit nouveau, les frais sont, dans tous les cas, à la charge de la nation.

Si l'accusé se représente, ou est arrêté dans les cinq ans, il rentre dans la plénitude de ses droits civils, *quasi jure postliminii*, comme parlent les lois romaines; « comme » un captif rendu à ses foyers. »

S'il meurt pendant le procès, il meurt « dans l'intégrité de ses droits; » car la loi présume l'innocence, tant que le crime n'est pas prouvé.

S'il vit et est absous, ou condamné à une peine qui n'emporte pas mort civile, il est censé n'avoir jamais perdu la vie civile; s'il est condamné à la même peine qui avoit été prononcée contre lui, ou à toute autre emportant mort civile, *la condamnation n'a d'effet que du jour du second jugement.*

Il n'en est pas ainsi dans le cas où l'accusé ne se représenteroit, ou ne seroit arrêté qu'après les cinq ans. On ne recommence pas moins l'instruction du procès : s'il meurt avant le jugement, il meurt réhabilité, en vertu de la règle d'humanité ci-dessus citée ; mais cette réhabilitation ne remonte qu'au jour auquel il s'est représenté ; jusque là, la condamnation a tout son effet : s'il est absous, ou condamné à une peine qui n'emporte pas mort civile, il est réintégré dans ses droits, *mais seulement du jour qu'il s'est représenté, ou qu'il a été arrêté.* Si la même peine est prononcée, ou toute autre emportant mort civile, il est censé ne plus exister dans la société ; mais seulement à compter de l'expiration des cinq années de grâce qui lui avoient été accordées par la loi pour se représenter.

Code civil, ibid, *art.* 29, 30, 31.

C'est ici où réside la principale différence entre le droit ancien et le nouveau code.

L'article 27 du même titre de l'ordonnance de 1670 portoit :

« Celui qui aura été condamné par con-

» tumace à mort, aux galères perpétuelles, » ou qui aura été banni à perpétuité du » royaume, qui décédera après les cinq » années sans s'être représenté, ou avoir » été constitué prisonnier, *sera réputé* » *mort civilement du jour de l'exécution* » *de la sentence de contumace.* »

Écoutons sur les contradictions qu'offroit une telle loi l'orateur du gouvernement.

« Dans l'ancienne jurisprudence, on s'at- » tachoit servilement au principe qui fait » commencer la mort civile du jour de » l'exécution. Par une conséquence rigou- » reuse de cette maxime, si le condamné » décédoit après les cinq ans, et sans s'être » représenté, il étoit réputé mort civile- » ment du moment de cette exécution.

» L'époux condamné pouvoit avoir des » enfans dans l'intervalle des cinq années : » il auroit donc fallu, pour être consé- » quent, déclarer les enfans légitimes, si » leur père mouroit ou se représentoit dans » cet intervalle, et les déclarer illégitimes, » si leur père mouroit après les cinq ans » sans s'être représenté. Ainsi leur état eût » dû dépendre d'un événement étranger à » leur naissance.

» Des successions pouvoient s'ouvrir au » profit du condamné, dans l'intervalle des » cinq années : à qui appartiendroient-elles ? » Le condamné devoit être héritier, s'il » mouroit ou se représentoit dans les cinq » ans ; il ne devoit pas être héritier, s'il » mouroit, après les cinq ans, sans s'être » représenté. Ainsi son droit, le droit des » appelés après lui, eût dû dépendre de » faits absolument étrangers aux règles des » successions ; le titre d'héritier restoit in- » certain ; et comme l'héritier, à l'instant » du décès, pouvoit ne pas se trouver l'hé- » ritier à l'expiration des cinq années, c'est » par la volonté du condamné qui pouvoit » se représenter, ou ne se représenter pas, » que se trouvoit déféré le titre d'héritier » dans la succession d'une tierce personne.

» La femme du condamné pouvoit se » remarier ; il eût fallu la déclarer adultère, » si le condamné mouroit ou se représentoit » dans les cinq ans : elle eût dû être épouse » légitime, s'il plaisoit au condamné de ne » se pas représenter.

» Voilà une partie des embarras que pré- » sente l'attachement trop scrupuleux à la » règle qui fait commencer, même pour le

» contumace, la mort civile au moment de » l'exécution...... En vain diroit-on qu'il » y a contradiction à exécuter le jugement » par effigie, et reculer cependant jusqu'à » cinq années le commencement de la mort » civile. » — L'objection seroit mauvaise sans doute. Qu'en résulte-t-il en effet? Que c'est un délai de grâce, comme nous l'avons appelé, que la loi accorde au contumace, qui n'a pas dû empêcher la consommation du jugement par une exécution fictive.

« Cette contradiction, si elle étoit réelle, » seroit bien moins choquante que celle » qui résulte, dans l'autre système d'une » mort provisoire suivie d'une résurrection » réelle.

» Le contumace peut se représenter, » même après le terme de cinq années..... Il » pourra commencer une nouvelle vie; mais » sans troubler l'état des familles, ni contester les droits acquis pendant la durée » de la mort civile..... »

Discours du conseiller d'état Treilhard.

Ceci suppose qu'il soit absous. S'il n'avoit en sa faveur que la prescription de la peine;

car l'humanité de nos lois, tant anciennes que nouvelles, ne permet pas que le glaive de la justice demeure éternellement suspendu sur la tête du coupable; cette prescription résultante d'une inexécution pendant vingt années, suivant notre ancienne jurisprudence, suffiroit pour l'exempter du supplice; non pour le rétablir dans les droits civils, même pour l'avenir. *Ibid, art.* 33.

§. VII.

Des actes de l'état civil.

Nous nous étions bornés, dans le premier jet de cet ouvrage, à recueillir ce que la coutume de Paris, d'après la disposition des anciennes ordonnances rendues sur le vœudes états généraux, avoit ordonné relativement aux registres des baptêmes, mariages, sépultures, testamens, car les ministres des autels étoient autorisés à faire, en cette partie, comme dans celles qui concernent l'état civil, fonctions d'officiers publics.

« Sont aussi tenus lesdits curés et vicaires
» généraux, de porter et faire mettre, *de*
» *trois mois en trois mois,* ès greffes comme
» dessus,(royaux pour le regard des paroisses

» assisses ès villes où il y a juge royal, et » ès autres lieux en la justice ordinaire d'i» ceux) les registres des baptêmes, maria» ges, testamens et sépultures, sous peine » de tous dépens, dommages et intérêts. »

Coutume de Paris, art. 290 *et* 291.

Nous avions renvoyé, pour les détails, à l'ordonnance de 1667, et surtout à la déclaration du 9 avril 1736, qui, en perfectionnant les lois antérieures, avoient exigé impérieusement les doubles registres, ne reconnoissant pour dépositaires légaux de ces actes que les seuls greffes des bailliages et sénéchaussées ressortissant nûment aux parlemens.

Nous n'avions pas pensé que les détails que nous omettions dussent trouver place dans une analyse dont le but est de tracer à grands traits la marche générale de notre Droit, en remontant à ses sources, le droit romain, les dispositions de nos coutumes, et notamment de celle de Paris, comme de la capitale.

Alors les ministres de l'église remplissoient, dans les actes de l'état civil, la double autorité de ministres des autels et de fonctionnaires publics.

Depuis qu'un désir impatient d'innover s'est emparé des esprits, ces deux fonctions ont été séparées. Est-ce un bien ? est-ce un mal ? C'est une question sur laquelle je ne me permettrai aucune réflexion. Ce qui est certain, c'est que cette division n'intéresse en aucune manière la religion de celui qui a déclaré formellement que *son empire n'étoit pas de ce monde*. Mais la prétention à une vaine perfectibilité, a tout renversé dans l'espoir de tout relever avec plus de stabilité.

On ne peut peindre avec plus d'énergie et de simplicité que ne l'a fait le conseiller d'état Thibeaudeau, les tâtonnemens, toujours funestes en pareille matière, des assemblées constituante, législative et conventionnelle.

Cependant les registres constitutifs de l'état des hommes étoient livrés à tous le désordre qu'entraîne l'ignorance, et souvent la mauvaise foi.

C'est ce chaos que le nouveau code civil débrouille par une loi distribuée en six parties ; 1°. *des dispositions générales*, puisées, pour la plupart, dans ce que nos lois anciennes renfermoient de plus sage, de plus propre à prévenir les contestations sans nombre auxquelles le moindre désordre dans les actes constitutifs de l'état civil peut donner lieu; 2°. des dispositions particulières, concernant *les actes de naissance*; 3°. *les actes de mariage*, sur lesquels je ne me permettrai qu'une seule réflexion : Pourquoi la nouvelle loi, qui conserve dans toutes les autres parties les doubles registres établis par l'ordonnance de 1667, et par la déclaration du 9 avril 1736, conservés par l'édit du mois de novembre 1787, même pour les mariages contractés en présence de l'officier public seul, sans être suivis de la bénédiction nuptiale, porte-t-elle que l'acte le plus saint, le plus important de la société..... sera inscrit *sur un seul registre* « qui sera coté et paraphé, etc.? » *Code civil, titre II, chap. III, art.* 63. 4°. *Les actes de décès*; 5°. *les actes de l'état civil concernant les militaires hors du territoire de la république*; 6°. enfin, *la rectification devenue trop nécessaire de cette multitude d'abus auxquels le désordre des temps antérieurs avoit donné naissance.*

Ce qui n'est pas compris dans cette division, comme les actes concernant le *divorce* et *l'adoption*, a été l'objet de sections particulières, où j'ai exposé ce qui m'a paru de plus important, tant relativement à la substance même de ces fictions du droit civil destinées à imiter la nature, qu'aux actes qui les contiennent.

Entrer dans plus de détails, ce seroit copier la loi qui est claire dans toutes ses parties. Quel développement, quel rapprochement plus lumineux de nos anciennes lois pourrois-je offrir à mes lecteurs que l'exposé qu'en a fait l'orateur du gouvernement! Une telle répétition seroit fatiguante pour le lecteur, contraire, je le répète, à la nature même de cette analyse.

RÉSUMÉ.

Résumons bien plutôt les matières contenues dans ces deux titres, qu'on peut regarder comme la première partie de cet ouvrage. Ainsi le voyageur fatigué, parvenu sur une éminence, regarde en arrière pour rassembler, comme dans un verre optique, toutes les dimensions de l'espace qu'il a parcouru.

L'Introduction renferme l'histoire du droit français depuis la conquête de Clovis jusqu'à nos jours, et le plan tracé par le célèbre jurisconsulte que j'ai pris pour mon guide, dans les deux parties de mon Introduction.

Le titre premier présente les règles communes à tout le droit, divisées en deux sections; la première concernant *l'autorité des lois;* la seconde, *quelques principes généraux puisés, tant dans les dispositions de la coutume de Paris,* (même abrogées, mais propres à servir d'exemple de l'application de ces principes dans tous les temps) *que dans le nouveau code des Français.* Ce qui m'a conduit à tracer un tableau rapide de la rouille de nos anciennes institutions, et de la nécessité d'une réforme.

Le titre II, bien plus étendu par la multiplicité des objets qu'il renferme, relatifs à toute la 1ère partie du nouveau code civil.

Les personnes, dont le bonheur est l'objet de toutes les lois qui méritent ce nom auguste, qui se subdivisent en deux classes: l'une renfermant les distinctions établies entre les hommes par la nature; l'autre par la loi civile.

Celle-là comprend les *mâles* et les *fe-*

melles, et toute la matière des *mariages*, du *divorce*, depuis qu'il est toléré parmi nous, et de la séparation d'habitation; *les pères et les enfens*, tant légitimes que naturels, et par une suite nécessaire, tout ce que les jurisconsultes nomment *les questions d'état;* la légitimation par lettres, admise par notre ancien droit, qui n'avoit d'effet que pour rendre l'enfant naturel capable de posséder offices et bénéfices, repoussée par le principe d'égalité de droits sur lequel est basée la nouvelle constitution; la légitimation par mariage subséquent, image de la véritable légitimité, résultante du saint nœud du mariage; l'union des pères et des enfans, fondée sur la nature, adoptée par toutes nos lois anciennes et nouvelles; cette farouche puissance paternelle du droit romain, accordée à la seule ligne paternelle ascendante, sans que ni la mère ni les ascendans maternels y participassent, repoussée par nos coutumes, modifiée dans notre ancien droit par la jurisprudence des parlemens de droit écrit, rendue commune par le nouveau code, aux deux auteurs des jours de l'individu sur lequel elle s'exerce, et restreinte dans les limites que la nature, la raison, la saine morale lui prescrivent.

Celle-ci se subdivise elle-même en deux espèces : l'une tire sa source de la nature à laquelle la loi civile prête son aide; l'autre est purement civile, à l'imitation toutefois de la nature.

Ici se trouve la distinction des majeurs et des mineurs que la loi place, pour leur propre intérêt, sous l'autorité de leurs tuteurs et curateurs, suivie du défaut de santé, d'esprit, qui contraint le magistrat d'assimiler, par l'interdiction, le majeur au mineur, en le mettant sous la garde d'un conseil judiciaire.

Là, la paternité fictive, résultante de l'adoption introduite dans nos mœurs, à l'instar de celle qui avoit lieu dans le droit romain, modifiée conformément au vœu de la nature, et la tutelle officieuse, institution dont on ne trouve jusqu'ici d'exemple chez aucun peuple, et qui n'en est pas moins favorable.

Vient ensuite l'antique distinction des nobles et des bourgeois, confondus dans le titre de citoyens; avec un tableau raccourci de l'origine de la noblesse chez toutes les nations, et des degrés qui l'ont conduit, parmi nous, à sa destruction, pour l'entière abolition de cette anarchie féodale, première origine de la servitude, tant réelle que personnelle.

Le domicile étant ce qui assure l'exercice des droits civils, j'ai pensé qu'il entroit dans le plan de cette première partie de mon Analyse, de rechercher dans notre droit ancien et nouveau, les principes de cette matière, ainsi que notre ancienne et moderne jurisprudence, relativement aux cas non moins rares aujourd'hui qu'ils l'étoient autrefois, de la disparution subite d'un individu; ce qui constitue l'absence, avant de couronner ce titre, ou cette première partie, par la distinction *des citoyens* et *des morts civilement*, ou, suivant l'expression du nouveau code, *de la jouissance et de la privation des droits civils*, et par le résumé sommaire des dispositions du nouveau code concernant les actes *constitutifs de l'état civil*.

A l'exemple des instituts de Justinien, *de rerum divisione*, et des lois civiles de Domat, le troisième titre, ou la seconde partie, sera intitulé : *Des choses*, comme étant l'objet à la conservation et à la transmission duquel veillent les lois civiles.

Nous le présenterons d'abord tel qu'il étoit dans la première édition de ce livre, parce que, bien que surchargé de quelques lois abrogées que nous n'avons pu omettre dans la comparaison de notre ancien droit et du nouveau, de quelques matières qui n'ont pas encore été décrétées, peut-être y trouvera-t-on des faits historiques, des réflexions qui peuvent conduire à la décision de questions épineuses qui n'ont que trop agité les esprits jusqu'à ce moment. Nous y joindrons quelques détails tirés de notre ancien droit, sur ce que le judicieux Loiseau nomme l'*abus des justices des villages*, les justices patrimoniales, et leurs conséquences, dernier degré de l'absurdité féodale; nous comparerons à ces entraves le tableau simple, mais lumineux, que renferme le préambule de la loi du nouveau code, intitulée : *Des différentes manières dont on acquiert la propriété*, qui précède les titres, *des successions*, *des donations entre vifs*, *et des testamens*.

FIN DE LA PREMIÈRE PARTIE.

TABLE RAISONNÉE
DES MATIÈRES
CONTENUES DANS LA PREMIÈRE PARTIE
DE L'ANALYSE
DU DROIT FRANÇAIS.

N. B. Pour rendre cette Table plus complète, on ne s'est pas borné à un simple exposé des Titres, des Sections, des Paragraphes ; on y a inséré tout ce que, dans les numéros mêmes, et dans les Notes qu'ils renferment, l'on a cru pouvoir servir au développement de la matière.

SECTION II.

TITRE II,

Relatif aux lois qui composent la première partie du code civil.

Suite de la comparaison de notre droit ancien et moderne.

(1) Il y a ici erreur dans le texte. Effacez section première, et au lieu de §. III, mettez §. V.

---

(1) Supprimez SECTION SECONDE, et mettez à la place §. VI.

(1) Il y a, par erreur, dans le texte §. V.

(2) Il y a, dans le texte, V. *Corrigez.*

TOME II.

No. II.

N°. Ier.

N°. II.

FIN DE LA TABLE DE LA PREMIÈRE PARTIE.

ERRATUM.

Tome I, *page* 342, *ligne* 6 : Ce que le nouveau code ajoute, c'est une prescription de deux années. *Lisez*, de dix années.

www.ingramcontent.com/pod-product-compliance
Ingram Content Group UK Ltd.
Pitfield, Milton Keynes, MK11 3LW, UK
UKHW020238220726
13923UKWH00002B/732

9 782329 02305